Денис Гуцко

РУССКОГОВОРЯЩИЙ

Санкт-Петербург
«Златоуст»

2012

УДК 811.161.1

Гуцко, Д.
    Русскоговорящий. — СПб. : Златоуст, 2012. — 160 с.

Gutsko, D.
    Russophone. — St. Petersburg : Zlatoust, 2012. — 160 p.

ISBN 978-5-86547-627-6

Подготовка текста:
к. п. н. доц. Г.С. Юдина

Гл. редактор: к.ф.н. *А.В. Голубева*
Редактор: *И.В. Евстратова*
Корректор: *О.С. Капполь*
Оригинал-макет: *Л.О. Пащук*
Иллюстрации: *А. Мажуга*

Подготовка оригинал-макета: издательство «Златоуст».
Подписано в печать 25.07.12. Формат 60x90/16. Печ.л. 10. Печать офсетная.
Тираж 1000 экз. Заказ № 1451.
Код продукции: ОК 005-93-953005.

Санитарно-эпидемиологическое заключение на продукцию издательства Государственной СЭС РФ № 78.01.07.953.П.011312.06.10 от 30.06.2010 г.

Издательство «Златоуст»: 197101, Санкт-Петербург, Каменноостровский пр.,
д. 24, оф. 24. Тел.: (+7-812) 346-06-68, факс: (+7-812) 703-11-79,
e-mail: sales@zlat.spb.ru, http://www.zlat.spb.ru

Отпечатано с готовых диапозитивов в типографии ООО «Береста».
196084, Санкт-Петербург, ул. К. Томчака, д. 28. Тел.: (+7-812) 388-90-00.

Предлагаем вашему вниманию книгу из серии «Библиотека Златоуста». Серия включает адаптированные тексты для 5 уровней владения русским языком: произведения классиков русской литературы, современных писателей, публицистов, журналистов, а также киносценарии. Уровни ориентируются на лексические минимумы, разработанные для Российской государственной системы тестирования по русскому языку. Каждый выпуск снабжён вопросами, заданиями и словарём, в который вошли слова, выходящие за пределы минимума.

I — 760 слов

II — 1300 слов

III — 1500 слов

IV — 2300 слов

V — 3000 слов

Справка об авторе

Денис Гуцко родился в столице Грузии Тбилиси в 1969 году. С 1987 года живёт в Ростове-на-Дону[1]. В своём «букеровском» романе он рассказывает историю типичного советского подростка, у которого неожиданно ушла почва из-под ног: после распада Советского Союза[2] немало граждан многонациональной страны оказались жителями ближнего зарубежья, в том числе и главный герой романа, русскоговорящий с грузинским акцентом. Вместе с читателями он пытается понять, почему мы сейчас живём в такой стране и что с ней будет дальше.

Литературным дебютом Дениса Гуцко стал рассказ «Приручённый лев», напечатанный в 2000 году в «ЛГ — Юг России»[3], выходящем в Ростове-на-Дону. Второй его рассказ «Растворение» появился там же в 2001 году. Вскоре вышли в свет повести «Апсны Абукет. Вкус войны», «Там, при реках Вавилона», рассказы «Осенний человек», «Лю», «Ева не нужна», «Тинго Ретто» и другие.

Осенью 2002 года на Форуме молодых писателей России[4] Денис Гуцко был назван «самым ярким открытием среди молодых писателей страны».

Широкой публике Гуцко стал известен лишь в 2005 году — после получения за роман «Без пути-следа»[5] («Русскоговорящий») литературной премии «Букер — Открытая Россия»[6]. «Русскоговорящий» — продолжение повести «Там, при реках Вавилона», в которой рассказывается о службе Мити в армии в конце 80-ых годов, когда в СССР начинают возникать первые вооружённые конфликты. Вскоре писатель был удостоен премии «Борис Соколофф — приз»[7] и премии «Вдохнуть Париж»[8]. Сегодня он не только популярный автор, публикующийся в журнале «Огонёк»[9], но также успешный и интересный журналист.

Читатель и критики единодушно сходятся во мнении, что Денис Гуцко пишет хорошим русским языком и пишет на серьёзные темы. Известный российский писатель А. Курчаткин сравнивает мир героев Гуцко, где любят, ревнуют, хранят верность и предают, с жестоким миром Тарантино, и добавляет: «Всё, как везде, и в то же время это такой мир, что, почитавши Дениса, ясно, чётко осознаёшь: никому жить в этом мире не пожелаешь».

Комментарий

[1] Ростов-на-Дону — город на юго-востоке России, на реке Дон.

[2] Распад СССР — процессы системной дезинтеграции, происходившие в экономике, социальной структуре, общественной и политической сфере Советского Союза. Эти процессы привели к независимости 15 республик СССР и получению ими 26.12.1991 статуса самостоятельных государств.

[3] «ЛГ — Юг России» — региональное приложение к «Литературной газете».

[4] Форум молодых писателей России организован Конгрессом российской интеллигенции и несколькими ведущими литературными журналами. Форум проходит при поддержке Министерства культуры РФ, администрации президента РФ и правительства России.

[5] «Без пути-следа» («Русскоговорящий») — «Без пути-следа» — поэтическая фраза из стихотворения великого грузинского поэта-романтика Н.М. Бараташвили (1817–1845) «Мой Мерани». Мерани — имя мифического крылатого коня; символ борца за высокие идеалы, который не знает страха. В издательстве «Вагриус» роман вышел в 2007 г. под названием «Русскоговорящий».

[6] «Букер — Открытая Россия» — премия, которая учреждена в 1992 году Британским Советом в России.

[7] Премия «Борис Соколофф — приз» — премия, которая учреждена в 2005 г. К.Б. Соколовым, американским финансовым анали-

тиком, живущим и работающим в США, в память своего отца — Бориса Соколова (1887–1979) — известного русского учёного-медика, автора научно-популярных работ и писателя. Конкурс проводится под эгидой Фонда социально-экономических и интеллектуальных программ.

[8] Премия «Вдохнуть Париж» — премия для молодых писателей; учреждена в 2004 г. Благотворительным резервным фондом (БРФ).

[9] «Огонёк» — один из наиболее популярных еженедельных иллюстрированных журналов в СССР и России.

Сокращения

аббр. — аббревиатура
англ. — английское
воен. — военное
г. — год
др.-греч. — древне-греческое
ед. ч. — единственное число
лат. — латинское
нем. — немецкое
НСВ — несовершенный вид глагола
разг. — разговорное
СВ — совершенный вид
т. е. — то есть
т. д. — так далее
фр. — французское

1

Он хотел, чтобы его страшный сон скорее закончился. Он пробовал открыть широко глаза, но ничего не получалось. Страх рос и входил в кровь. Чем сильнее становился страх, тем меньше оставалось сил. Он тонул. Он хотел пить. Всюду был огонь. Он хотел бежать, но не мог. Звуки становились всё злее и злее. Ему хотелось кричать: «Достаточно! Я боюсь!..»

Митя ударил рукой по столу и проснулся. Он с трудом открыл глаза и оказался в грязной забегаловке.

— Пить будешь? — спросил человек, сидящий напротив него.

— Буду, — ответил Митя.

Некоторое время он смотрел, как рука старой женщины вытирает стол. Затем он посмотрел за окно. За окном — больная птица и дождь. Птицу очень жалко... Он посмотрел на человека, сидящего напротив него. Этот незнакомый человек был похож на индейца. Про себя он назвал его Гайавата[1]. У Гайаваты были удивительные уши, из которых росли очень длинные волосы. Эти волосы были не короче пяти сантиметров! Из-за этих ушей Митя и посадил его за свой столик и начал угощать водкой.

Митя понимал, что он не симпатичен своему соседу. Но он и не хотел быть сегодня кому-либо симпатичным. Сегодня он разрешил себе быть самим собой. Сегодня он хотел делать, что хочет, и понять, что ему хочется делать. Правда, Митя пока не понимал, стал он самим собой или нет.

— Наливай! — дал команду Митя.

Гайавата налил. Открылась дверь. Вошли бритоголовые[2].

— Вернулись, — тихо и зло заметил Гайавата.

— Всё пустое в этом мире, — говорит Митя. — Мы с тобой мертвы.

К их столику подошёл бритоголовый. Казалось, что глазами он мог убить любого, кто посмотрит в них. Он взял свободный стул и пошёл в темноту забегаловки.

— Наливай! — снова дал команду Митя.

— Пей, налито, — ответил Гайавата.

— Ну, — Митя поднял рюмку, — за твою резервацию, индеец, до одна тысяча четыреста девяносто второго года[3]!

Митя видел, что сосед не хотел, чтобы другие посетители забегаловки думали, что у них есть общие дела или интересы. «Я ему не нравлюсь, — подумал Митя, — может, опять акцент?» Митя знал, что его грузинский акцент появлялся тогда, когда он пьян. Как только незнакомые люди слышали этот акцент, они сразу начинали смотреть на него с неприятным удивлением: абсолютно русское лицо и чужой акцент!..

Митя дал «индейцу» сто рублей и сказал, чтобы он принёс ещё водки. Сосед пошёл к стойке бара. ...Митя сначала услышал звук бьющегося стекла. Сразу после этого бритоголовые начали кричать. К Мите подошёл один из них и ударил по лицу. Полетели стулья. Кто-то закричал: «Милиция!»

Митя лежал у стены и смотрел в потолок. Запах был ужасный. Несмотря на всё это голова работала хорошо, как будто он сегодня и не пил. Теперь можно было спокойно обо всём подумать.

Комментарий

[1] Гайавата — учитель и пророк индейцев Северной Америки, герой легенд, на основе которых в 1855 г. Г.У. Лонгфелло (Longfellow) создал «Песнь о Гайавате» («The Song of Hiawatha»), ставшую классическим памятником американской литературы.

[2] Бритоголовый — бандит.

[3] До 1492 года — здесь: до открытия в 1492 г. Христофором Колумбом (лат. Christophorus Columbus) Америки и начала её колонизации.

Вопросы и задания

1. Объясните выражения: «страх входил в кровь», «назвать про себя *кого как*», «быть самим собой», «бритая голова» («бритоголовый»), «общие дела и интересы *у кого с кем*».

2. Когда человеку снятся страшные сны?

3. Узнайте, используя Интернет, что значит видеть во сне много воды, костры, слышать громкие звуки, тонуть и т. д. Постарайтесь объяснить сон героя.

4. Согласны ли вы с тем, что «чем сильнее страх, тем меньше сил»? Почему?

5. Трудно ли быть самим собой? Почему?

6. Что можно сказать о человеке, который видит в соседе по столику Гайавату и пьёт за его резервацию до 1492 года?

7. Когда человек идёт в забегаловку и пьёт с незнакомыми людьми?

8. Почему люди начинали смотреть на Митю с неприятным удивлением, когда он бывал пьян? Что им не нравилось?

9. Что в этот день помогло Мите стать самим собой и спокойно подумать о своей жизни?

2

В Росси́и, как и в СССР, у ка́ждого должна́ была́ быть в па́спорте пропи́ска.

Ма́ма Ми́ти снача́ла была́ пропи́сана в ста́ром общежи́тии де́тского са́да, а зате́м — в ста́ром общежи́тии заво́да. Ме́сто поменя́лось, потому́ что общежи́тие де́тского са́да призна́ли авари́йным. Общежи́тие заво́да бы́ло то́же авари́йным, но ме́ньше, чем де́тского са́да. Ми́тя из одного́ общежи́тия вы́писался, а в друго́е так и не прописа́лся. Он давно́ уже́ жил отде́льно — снима́л кварти́ры.

Он знал, что ему́ сле́дует как мо́жно скоре́е прописа́ться, потому́ что без пропи́ски нельзя́. Жизнь без пропи́ски — экстри́м. На́до всё вре́мя игра́ть в сло́жные и́гры с мили́цией. Так бы́ло всегда́, хотя́ в эпо́ху демокра́тии пропи́ску ста́ли называ́ть регистра́цией. Без регистра́ции — нельзя́. Жизнь без регистра́ции — экстри́м.

Ма́ма ча́сто руга́ла и говори́ла: приезжа́й, отнесём па́спорт на регистра́цию, бу́дешь пропи́сан в общежи́тии заво́да. Пробле́ма не каза́лась Ми́те тако́й уж сло́жной. Кро́ме э́того, ему́ бы́ло не́когда: мно́го рабо́ты и всего́ два свобо́дных дня в ме́сяц.

Наконе́ц, вы́брали вре́мя и пое́хали в па́спортный стол[1], что́бы прописа́ться в общежи́тие заво́да.

Помещéние, в котóром находи́лся пáспортный стол, бы́ло стáрое, тёмное и грáзное. Здесь происходи́л обмéн паспортóв. Меня́ли совéтский пáспорт на росси́йский. Паспорти́стка принимáла в суббóту с девяти́ до чáсу дня. Óчередь собирáлась с трёх-четырёх часóв нóчи. Кáждый, кто приходи́л, писáл свою́ фами́лию на бумáге и получáл нóмер. Спи́сок был в двух экземпля́рах. Фами́лии и номерá постоя́нно проверя́ли. В óчереди мнóго говори́ли о том, что ужé скóро начну́т штрафовáть тех, у когó нет нóвого пáспорта.

Ми́тя тóже записáлся в óчередь. Перед тем как получи́ть нóвый пáспорт, ему́ слéдовало реши́ть проблéму с пропи́ской. Для э́того нáдо бы́ло сначáла отдáть стáрый пáспорт, чтóбы в нём появи́лась пропи́ска в общежи́тии завóда. Он простоя́л в óчереди четы́ре часá и сдал пáспорт.

Через нéкоторое врéмя Ми́те слéдовало прийти́, заня́ть óчередь и не мéнее чем через четы́ре часá получи́ть свой совéтский пáспорт с пропи́ской.

Имéя пропи́ску, он ужé мог оплати́ть госпóшлину, сдéлать фотогрáфии и написáть заявлéние на получéние нóвого росси́йского пáспорта.

С пропи́ской, квитáнциями, фотогрáфиями и заявлéнием ему́ нáдо бы́ло снóва встать в óчередь, чтóбы отдáть их для получéния пáспорта граждани́на Росси́и. А ужé пóсле егó получéния Ми́тя, оплати́в все госпóшлины, мог отнести́ нóвый пáспорт и докумéнты на регистрáцию.

Комментарий

[1] Паспортный стол — организация, которая занимается выдачей документов, подтверждающих личность, и регистрацией по месту проживания.

Вопросы и задания

1. Объясните выражения: «детский сад», «играть в сложные игры с милицией», «государственная пошлина» («госпошлина»).

2. Что следовало сделать Мите, чтобы не «играть в сложные игры с милицией»?

3. Трудно ли было Мите получить российский паспорт с регистрацией? Почему?

4. Существуют ли проблемы с получением паспорта и с регистрацией в вашей стране? Какие?

3

Подошла Митина очередь, и он вошёл в кабинет.

Паспортистка ЖЭУ[1] положила перед ним его советский паспорт: «Вас не прописали».

— Как? — не понял Митя.

— И паспорт, сказали, не будут менять.

— А почему?

— Идите к начальнику, он всё объяснит, — ответила она сразу, так как ждала этого вопроса.

— Я не понимаю, почему не прописали?

— Сказала же: к начальнику! — крикнул стоящий за ним в очереди.

— Почему? Почему не прописали? Вы ведь знаете, скажите.

— Иди! Иди! Ты здесь не один! — волновалась очередь.

— Вкладыша нет. А прописка в девяносто втором году — временная.

— Ну и что, что временная?

— Закон новый вышел о гражданстве.

— Да? — удивился Митя.

— А он и о законе не слышал! — засмеялся кто-то в очереди.

— Согласно этому закону, вы не гражданин России, — добавила паспортистка.

Очередь заволновалась.

— Как не гражданин? — не понимал Митя.

— Выходи давай! Сказано — к начальнику! — очередь волновалась всё больше и больше. Кто-то положил тяжёлую руку на Митино плечо и злобно сказал: «Давай из очереди!»

— А матери паспорт? Мать прописали? У неё с вкладышем.

— Ещё и мать! — ещё бóльше возмутúлась óчередь.

— По ней бýдут дéлать запрóс в кóнсульство. Онá ведь в кóнсульстве граждáнство получáла?

— Да, кáжется, — отвéтил Мúтя и пошёл к дверя́м, но остановúлся и вернýлся. Óчередь опя́ть началá кричáть. Старáясь не обращáть на неё внимáния, Мúтя с бóлью заговорúл:

— Как же я не гражданúн, а?! Как?! Я же с вóсемьдесят седьмóго гóда в Россúи живý! Тогдá и Россúи-то нé было! Был СССР! Ну?! И кто я тепéрь? Кто? Гражданúн чегó? Áфрики?!

Óчередь стáла вытáлкивать егó: «Что ты на неё кричúшь? У неё бýдет сейчáс плохóе настроéние, а нам к ней идтú и свой проблéмы решáть!»

Мúтя пошёл к дверя́м. Лю́ди смотрéли на негó как на врагá.

Комментарий

[1] ЖЭУ — аббр. «жилищно-эксплуатационное управление» — территориальная организация, в которой имеется наиболее достоверная информация обо всех находящихся на соответствующей территории жилых помещениях и проживающих в них людях; отвечает также за техническое состояние домов и коммунальные услуги.

Вопросы и задания

1. Объясните выражение: «смотреть как на врага».
2. Митя предполагал, что у него могут возникнуть проблемы с пропиской? Почему?
3. Почему, отдав паспорт, паспортистка посоветовала Мите пойти к начальнику?
4. Выразите своё отношение к поведению людей, стоявших в очереди.
5. Чего боялась очередь?
6. Почему люди смотрели на Митю как на врага?

4

...Милиционе́ры в забега́ловке кури́ли и задава́ли вопро́сы тем, кто в ней рабо́тал. Они́ стоя́ли к Ми́те спино́й. Ми́тя встал с по́ла и пошёл к вы́ходу. Его́ никто́ не останови́л.

Куда́ идти́? Туда́, где он снима́ет кварти́ру? Упа́сть там на дива́н перед телеви́зором, лежа́ть и переключа́ть кана́лы? А вдруг он начнёт ду́мать о про́шлом? И уж совсе́м, как всегда́, ста́нет пло́хо, е́сли он начнёт смотре́ть фотогра́фии про́шлой жи́зни.

...Он люби́л фотографи́ровать Мари́ну. У него́ мно́го её фотогра́фий. Вот она́ по́сле сна. Здесь она́ улыба́ется по́сле защи́ты дипло́ма. Тут она́ в па́рке. А вот он и Мари́на перед ЗА́ГСом[1]. Стара́ются де́лать серьёзные ли́ца: фотогра́фия для исто́рии. Се́рдце начина́ет си́льно стуча́ть, когда́ он ви́дит на фотогра́фиях Мари́ну с их ма́леньким сы́ном Ва́ней. Чтобы успоко́иться, он ка́ждый раз идёт на балко́н и до́лго ку́рит. Ему́ ка́жется, что на дива́не не фотогра́фии, а живы́е лю́ди.

Сего́дня Ми́тя зна́ет, что фотогра́фии смотре́ть нельзя́. На́до обяза́тельно найти́ Лю́сю. То́лько она́ помо́жет ему́ сего́дня успоко́иться. Лю́ся всегда́ его́ понима́ет. Она́ и любо́вница, и друг. А ведь они́ шесть лет не встреча́лись. Три го́да, когда́ с ним бы́ли Мари́на и Ва́ня, и три го́да, когда́ с ним был Ва́ня без Мари́ны.

Ми́тя вошёл в рестора́н «Аппара́т». Лю́ся пе́ла на сце́не. Она́ его́ сра́зу уви́дела и подняла́ ру́ку: «Приве́т!» Зате́м она́ что́-то сказа́ла Ге́нриху. Его́ лицо́ измени́лось. Ми́тя по́нял, что она́ хо́чет петь то, что музыка́нт не лю́бит.

Лю́ся начала́ петь блюз по-ру́сски. Тепе́рь поня́тно, чем недово́лен Ге́нрих. Он уве́рен, что по-ру́сски петь блю́зы нельзя́.

Лю́ся пе́ла «Мой Мерани́» Барата́шви́ли. Когда́-то Ми́тя был пьян и боле́зненно ве́сел. Тогда́ в пе́рвый и в после́дний раз он спел им здесь, в «Аппара́те», э́то стихотворе́ние вели́кого грузи́нского поэ́та в сти́ле блю́за.

15

Когда́ Лю́ська пе́ла так, как сего́дня, Ми́те хоте́лось умере́ть и́ли жить по-друго́му.

Комментарий

[1] ЗАГС — аббр. «запись актов гражданского состояния» — государственная организация, которая регистрирует рождение, заключение брака, расторжение брака, смерть, перемену имени и т. д.

Вопросы и задания

1. Объясните выражения: «сердце начинает сильно стучать», «переключать телеканалы».
2. Почему Митя боялся думать о прошлом и смотреть старые фотографии?
3. Митя живёт один или с семьёй? Почему?
4. Сколько лет Митя прожил с Мариной? А с сыном?
5. Сколько лет Митя и Люся не встречались? Выскажите предположение о том, когда же они стали любовниками.
6. Почему Митя решил пойти туда, где работала Люся?
7. Как вы думаете, как относится Люся к Мите?

5

Из а́рмии Ми́тя верну́лся домо́й в Тбили́си, где жи́ли ма́ма и ба́бушка. Он всё вре́мя был до́ма и никуда́ не выходи́л. Ма́ма сра́зу предупреди́ла, что в го́род выходи́ть не на́до, потому́ что Тбили́си сошёл с ума́. Молодо́му мужчи́не по́сле 9 апре́ля[1] лу́чше одному́ не ходи́ть.

В Тбили́си Ми́тя бо́льше не чу́вствовал себя́ как до́ма. Ра́ньше он открыва́л у́тром глаза́ и улыба́лся. Тепе́рь же он ничего́ не чу́вствовал. Сте́ны, потоло́к, кварти́ра ста́ли чужи́ми. В кварти́ре па́хло вокза́лом.

Через неде́лю Ми́тя собра́лся и пое́хал в Росто́в. Пое́хал, хотя́ заня́тия на географи́ческом факульте́те должны́ бы́ли нача́ться то́лько через ме́сяц.

Вокза́л Росто́ва-на-Дону́. Он вы́шел из по́езда. Жа́рко. Авто́бусная остано́вка. Ка́ждый кричи́т и ле́зет в авто́бус, потому́ что сле́дующий мо́жно ждать час. Вокру́г все крича́т и руга́ются. «Ду́мать не на́до. То́же на́до лезть. Но почему́ все всё де́лают как на́до, а я — ка́к-то по-друго́му?» — ду́мал Ми́тя.

Ми́тя уже́ по́нял, что в Росто́ве ничего́ не измени́лось. Го́род был таки́м же, как и тогда́, когда́ он прие́хал сюда́ из Тбили́си, что́бы учи́ться в университе́те. Он был таки́м же, когда́ его́ (ещё до оконча́ния учёбы) забра́ли в а́рмию.

«Эх, Росси́я!..» — поду́мал Ми́тя, соверше́нно забы́в об устано́вке, кото́рую приду́мал для себя́: «Я — ру́сский, кото́рый е́дет в Росси́ю. Я — челове́к, кото́рый возвраща́ется на Ро́дину!»

Ми́тя реши́л: он бу́дет жить в Росто́ве. Он был уве́рен, что его́ ме́сто в общежи́тии свобо́дно. Но оказа́лось, что в его́ ко́мнате давно́ живу́т други́е и мест свобо́дных нет. Зна́чит, придётся снима́ть ко́мнату. Тепе́рь все де́ньги пойду́т на её опла́ту. На́до звони́ть домо́й и проси́ть де́нег. А где две же́нщины возьму́т де́ньги? Мать — без рабо́ты, а ба́бушка — пенсионе́рка.

Дека́н Серге́й Серге́евич сказа́л: «Я, когда́ был молоды́м, не кварти́ру, а у́гол снима́л! Де́тская крова́ть и стул!»

Комментарий

[1] 9 апреля — здесь: о тбилисских событиях 9 апреля 1989 г., которые произошли на фоне грузино-абхазского конфликта в период перестройки. Против митинга национальной оппозиции в Тбилиси была послана армия; были человеческие жертвы.

Вопросы и задания

1. Объясните выражения: «сойти с ума», «снимать угол *у кого? где?*».
2. Что могло бы произойти с Митей в Тбилиси, если бы он вышел в город? Почему?
3. Что имел в виду Митя, говоря: «Эх, Россия!..»?
4. Что хотел сказать декан, говоря Мите: «Я, когда был молодым, не квартиру, а угол снимал! Детская кровать и стул!»?

5. Важно ли иметь такое место, где чувствуешь себя как дома? Можно ли чувствовать себя как дома в городе? В стране? Почему?
6. Выразите своё отношение к тому, что Митя хочет попросить денег на оплату квартиры у мамы и бабушки.

6

В деканате ему дали адрес, где можно снять комнату, и сказали, что дешевле не найти. В тот же день Митя её снял. Она располагалась в самом центре Ростова-на-Дону, на Филимоновской улице, далеко от университета.

Хозяйка — баба Зина — сразу сообщила ему, что платить надо по одному рублю каждый день. Митя понял: если дать ей больше денег, то сразу напьётся. Рубля у него не было, поэтому он дал три. Она поселила его в свою комнату, а сама ушла жить в кухню. В комнате стояли железная кровать и высокий шкаф. Баба Зина взяла деньги, приготовила кровать и сказала: «Ложись, милый, отдыхай!»

Это было утром. А вечером пьяная баба Зина закрыла дом и заснула. Он стоял на улице и не знал, что делать. Хозяйка спала и не слышала ни его, ни пьяных людей, которые громко кричали песню про русскую водку...

«Дома такого никогда не было», — как всегда, подумал Митя. А потом зло сказал себе: «Д о м а! Теперь, когда ты приехал сюда, твой дом — там?» Но первая мысль всё-таки добежала до конца: «Дома ночью не кричат пьяных песен, не мешают спать соседям!»

Митя понимал, что эти мысли — болезнь эмигрантов, которую нельзя вылечить. Он постоянно всё сравнивал. Он постоянно спрашивал себя: «Почему у них так, а у нас по-другому? Почему дома праздник идёт как спектакль? Почему дома праздник — карнавал и парад моих и твоих успехов? А здесь он быстрый, как штыковая атака. Первая рюмка, вторая, третья... Быстрее, быстрее! Кто живой? Кто не упал, тот завтра Герой!»

Соседи кричали всё громче и громче. Они отдыхали. Митя понимал, что он сегодня не смог бы уснуть. Он постоял ещё у кварти́ры и пошёл на у́лицу. Ночь. Гру́стная луна́. За́пах ли́стьев. «Снача́ла всегда́ тру́дно, — поду́мал Ми́тя, — а пото́м привы́кну. Всё меня́ется. И я поменя́юсь. Туда́ уже́ не вернёшься».

Вопросы и задания

1. Объясни́те выражения: «штыковая атака», «праздник как спектакль / как карнавал / как парад / как штыковая атака», «болезнь эмигрантов».
2. В чём, по мнению Мити, проявляется отличие вечерней жизни Ростова от Тбилиси?
3. Почему, находясь в Ростове и в Тбилиси, Митя не чувствовал себя там как дома, а, приехав в Ростов, стал называть Тбилиси домом?
4. Существует ли «болезнь эмигрантов»? Почему? В чём она выражается?
5. Можно ли быть счастливым в неродных для себя культуре и социуме? Почему?
6. Что нужно делать, чтобы лучше адаптироваться к новым для себя социокультурным условиям? Обеспечивает ли знание языка интеграцию в иную культуру и гармоничное существование в ней? Почему?

7

Ми́тя посмотре́л на луну́ и сказа́л ей: «Всё бу́дет хорошо́!»
— Бу́дет, е́сли бу́дет, — отве́тила луна́ го́лосом де́вушки.
Го́лос был вку́сным. Как густо́й сла́дкий напи́ток. Перед ним стоя́ла де́вушка и смотре́ла на него́.
— Приве́т. Спать не мо́жешь? — спроси́ла она́.
— Да. Тру́дно усну́ть.
— Петь не уме́ют. Во́ют, — сказа́ла она́ про пья́ных сосе́дей.
На Ми́тю смотре́ло соверше́нно европе́йское лицо́ с то́нкими губа́ми и прямы́м но́сом. Но э́то лицо́ бы́ло сде́лано из шокола́да.
— Ты кварти́ру здесь снима́ешь? — поинтересова́лась де́вушка.

19

Мчит, несёт меня без пути-следа мой Мерани
Вслед доносится злое каркание

«Мула́тка в э́той реа́льности? Сейча́с, наве́рное, здесь по-я́вится вся А́фрика. Львы, жира́фы, слоны́...» — поду́мал Ми́тя.

— Я тут ко́мнату снял, — на́чал Ми́тя.

— У Зи́нки[1]?

— Да.

— Пья́ная? Спит? Ла́дно. Идём ко мне.

— Что? — не по́нял он.

— Ко мне идём. Ты же не бу́дешь здесь всю ночь стоя́ть? А е́сли Зи́нка си́льно вы́пила, то дня три спать бу́дет.

Ми́тя пошёл за ней.

— Крова́ть у меня́ одна́. Больша́я, но одна́. Не говори́ пото́м о том, чего́ не́ было! Убью́! Меня́ Лю́да[2] зову́т.

Они́ вошли́ в какой-то дом и до́лго шли по нему́ ми́мо каких-то велосипе́дов, шкафо́в, коро́бок...

— Заходи́, — сказа́ла она́, откры́ла дверь и прошла́ впе-рёд. — Не смотри́ по сторона́м. Иногда́ я убира́ю. Но пока́ уби-ра́ть здесь ра́но.

Ми́тя уви́дел большу́ю крова́ть. Пиани́но. Оде́жда была́ на сту́льях и на гвоздя́х в сте́нах. Оде́жда и но́ты.

— Му́зыкой занима́ешься?

Она́ не отве́тила, тогда́ он за́дал ещё вопро́с:

— Ты одна́ живёшь?

— Мать сейча́с пьёт. Где-то в гостя́х.

Перед тем как лечь спать, Лю́ся рассказа́ла ему́ про свой дом и сосе́дей. Она́ пе́рвая легла́ и скома́ндовала: «Ложи́сь».

Он лёг и стал слу́шать. Ря́дом был вокза́л. Как в Тбили́си. Он вспо́мнил а́рмию. «Вот дура́к! Лежи́шь во́зле де́вушки и ду́маешь про а́рмию!» — Ми́тя посмотре́л на Лю́сю и тут же поду́мал, что смотре́ть на челове́ка, кото́рый спит, нехорошо́. Пото́м он поду́мал о том, что как стра́нно, что в э́том го́роде в тако́м ме́сте есть она́ и ста́рое пиани́но. Как стра́нно, что вчера́ он был в Тбили́си, лежа́л на балко́не, смотре́л на дере́вья и звёз-ды, а сего́дня он прие́хал в Росто́в, лежи́т ря́дом с де́вушкой-мула́ткой в стра́нной ко́мнате с пиани́но. В Тбили́си он не знал ни одно́й мула́тки.

21

Комментарий

[1] Зинка — разговорная сниженная форма имени Зинаида.
[2] Люда — сокращённая форма имени Людмила; от того же имени — Люся.

Вопросы и задания

1. Объясните выражения: «вкусный голос», «голос как густой сладкий напиток», «лицо, сделанное из шоколада».
2. Что хотел сказать Митя, говоря, что «всё будет хорошо»?
3. Что имела в виду Люся, сказав Мите: «Не говори потом о том, чего не было! Убью!»?
4. Удивило ли что-нибудь Митю в Люсе? Что?
5. Имеет ли какое-то отношение Люся к музыке? Аргументируйте ответ.
6. Тот факт, что Люся пригласила Митю к себе, является проявлением: а) российской культуры; б) специфики культуры Ростова-на-Дону; в) её личности? Почему?
7. Выразите своё отношение к Люсиному поступку и к действиям Мити.

8

Митя лежа́л ря́дом с Лю́сей и ду́мал. Он ду́мал, что всегда́ бу́дет хоте́ть верну́ться домо́й, в Тбили́си, хотя́ знал, что домо́й ему́ никогда́ не верну́ться. Того́ Тбили́си, в кото́ром он роди́лся и жил, бо́льше нет. И никогда́ не бу́дет. Его́ Тбили́си у́мер.

...Он хорошо́ по́мнит то́лпы, дви́гающиеся к До́му прави́тельства. Это бы́ло не что ино́е как по́хороны.

— Звиа́д[1]! Звиа́д! — крича́ли э́ти то́лпы до исте́рики. Над ни́ми плы́ли его́ портре́ты.

Выступа́ющие выкри́кивали: «Гру́зия для грузи́н!», «Ру́сские оккупа́нты, убира́йтесь в Росси́ю!»

Молодо́й свяще́нник крича́л: «Кто убьёт грузи́на, тот бу́дет ве́чно горе́ть в аду́!»

Собра́вшись у До́ма прави́тельства, огро́мная толпа́ простоя́ла там не́сколько часо́в. Ни желе́зные БТРы[2], ни солда́ты её уже́ не разгоня́ли. Никто́ не смел разгоня́ть э́тих люде́й, потому́

22

что они́ пришли́ за рева́ншем[3]. Дом прави́тельства молча́л. Толпа́ пошла́ к филармо́нии. По доро́ге толпа́ уви́дела инспе́ктора ГАИ[4], выходя́щего из кафе́.

Инспе́ктор, вы́йдя из кафе́, останови́лся, не зна́я, что ему́ да́льше де́лать. Он оказа́лся оди́н на оди́н с толпо́й. Бежа́ть бы́ло не́куда. Наконе́ц, он ме́дленно взял из па́чки сигаре́ту. Челове́к де́сять побежа́ли к нему́ и что́-то ста́ли спра́шивать и крича́ть. От его́ отве́та, наве́рное, зави́село, бу́дут его́ бить и́ли нет. Вдруг он кри́кнул что́-то смешно́е, бро́сил свою́ фура́жку под ноги толпы́ и пошёл к ней. Толпа́ сра́зу дру́жески приняла́ его́.

В тот ве́чер к ним пришла́ ма́мина подру́га — Кари́на Багратио́новна[5]. То́лько что она́ ви́дела толпу́ и мальчи́шек, кото́рые крича́ли, жгли у́рны, забира́лись на тролле́йбусы и разма́хивали фла́гами. Она́ вы́глядела пода́вленной, как и ба́бушка.

— Я на мину́тку, — сказа́ла она́. — Я не ве́рила. Это что же тако́е?

Ми́тина ба́бушка сиде́ла в кре́сле. Она́ ничего́ не говори́ла и смотре́ла куда́-то вдаль. Ми́тя не хоте́л, чтобы ба́бушка говори́ла. Он представля́л себе́, о чём она́ могла́ ду́мать, слу́шая о ми́тингах, на кото́рых её объяви́ли оккупа́нткой. От э́того станови́лось хо́лодно. Он знал, что до́лжен успоко́ить же́нщин, но не знал, как э́то сде́лать. Ми́тя встал и принёс им воды́.

— Это похо́же на нача́ло фаши́зма, — сказа́ла Кари́на Багратио́новна. — Это натура́льное нача́ло фаши́зма.

Ми́тя был уве́рен, что ба́бушка сейча́с вспомина́ла одного́ не́мца, кото́рого она́ лечи́ла в го́спитале. Она́ дава́ла ему́ лека́рства для на́ших солда́т. Не́мец, не поднима́я глаз, брал э́ти лека́рства и ти́хо говори́л «да́нке»[6]. Одна́жды, услы́шав звук свои́х неме́цких самолётов, он на́чал крича́ть и гро́мко смея́ться, пока́зывая руко́й на потоло́к. Этот не́мец стал са́мой большо́й оби́дой за всю войну́.

«Ру́сские оккупа́нты, убира́йтесь в Росси́ю! — повторя́ет про себя́ Ми́тя, гля́дя на ба́бушку. — Убира́йтесь в Росси́ю!»

Ну вот, он в Росси́и. Почему́ же дом не здесь, а там, в Тбили́си? Так не должно́ быть, так не мо́жет быть!

Комментарий

[1] Звиад — Звиа́д Гамсаху́рдиа (груз. ზვიად კონსტანტინეს ძე გამსახურდია) (31.03.1939 – 31.12.1993) — грузинский общественный, политический и государственный деятель; председатель Верховного Совета Грузинской ССР (1990–1991) и первый президент Грузии (1991–1992).

[2] БТР — аббр. «бронетранспортёр» (воен.) — боевая бронированная машина высокой проходимости, используемая для ведения боя и транспортировки бойцов.

[3] Люди пришли за реваншем — здесь: о событиях, которые произошли в Тбилиси в 1991 г., через два года после тбилисских событий 9 апреля 1989 г. (см. комментарий к тексту 5). 9 апреля 1991 г. Верховным Советом Республики Грузия был принят «Акт о восстановлении государственной независимости Грузии», а 26 мая 1991 г. были проведены президентские выборы, на которых одержал победу З. Гамсахурдиа.

[5] Карина Багратионовна — имя и отчество указывает на то, что подруга матери — грузинка.

[4] ГАИ — аббр. «Государственная автомобильная инспекция» (с 1998 года: ГИБДД — аббр. «Государственная инспекция безопасности дорожного движения»); сейчас — ДПС.

[6] «Данке» — нем. «спасибо» (danke).

Вопросы и задания

1. Объясните выражения: «вечно гореть в аду», «оказаться один на один *с кем? с чем?*», «выглядеть подавленной».

2. Почему город Митиного детства для него умер? Что чувствует человек, понимая, что город его детства умер?

3. Почему Карина Багратионовна пришла в тот вечер к Митиной маме и бабушке? Почему она сказала, что происходящее — начало фашизма? Как вы думаете, опасно ли было в эти дни общаться с русскими семьями? Почему?

4. Почему немец стал для Митиной бабушки «самой большой обидой за всю войну»? Выразите своё отношение к этой обиде.

5. Выразите своё отношение к инспектору ГАИ. Действия инспектора ГАИ были искренними? Почему? Как бы вы поступили на его месте?

6. В какой стране вы предпочли бы жить: в стабильной или в такой, где народ борется за свои права и свободы? Почему?

7. Выразите своё отношение к таким лозунгам, как, например, «Грузия для грузин», «Франция для французов» и т. д. Опасны ли эти лозунги? Чем?

9

«Сво́лочи, сво́лочи!» — повторя́ла мать, сто́я лицо́м к окну́. Она́ кури́ла. Ря́дом стоя́ла ча́шка с ко́фе, сва́ренным так, как ва́рят в Гру́зии.

— Ну, хва́тит, ма́ма. Всё. Хва́тит.

— Сво́лочи!

Ми́тя поду́мал, что когда́ её не ста́нет, то он уви́дит её во сне́ со спины́ с сигаре́той.

— Неуже́ли и по́сле сме́рти они́ нас встре́тят и заста́вят писа́ть каки́е-нибудь анке́ты? Они́ и там, наве́рное, хорошо́ устро́ились! Сво́лочи!

— Хва́тит...

— Я тебе́ мно́го раз говори́ла, что ну́жно сде́лать па́спорт... Мно́го раз говори́ла! Я тебе́ говори́ла, что́бы ты сходи́л к Серге́ю Фёдоровичу. Мо́жет быть, он помо́г бы тебе́? Он ведь нача́льник па́спортно-ви́зовой слу́жбы[1].

— В друго́м райо́не.

— Они́ все — одна́ компа́ния!

— А ско́лько э́то бу́дет сто́ить? Где де́ньги взять?

— А вдруг без де́нег помо́жет? Он всё-таки племя́нник мое́й подру́ги.

Разгово́р злил Ми́тю. Ему́ станови́лось пло́хо то́лько от одно́й мы́сли, что ну́жно идти́ к э́тому Серге́ю Фёдоровичу. Они́ рове́сники. Но он — Господи́н Нача́льник ПВС. Ми́тя до́лжен говори́ть ему́ «вы». А он бу́дет говори́ть Ми́те «ты». Ми́те на́до бу́дет пока́зывать ему́ своё уваже́ние. А е́сли он начнёт глу́по шути́ть, то Ми́тя до́лжен бу́дет гро́мко и и́скренне смея́ться. Ми́тя бу́дет чу́вствовать, как стано́вится всё ме́ньше и ме́ньше, и всё ме́ньше и ме́ньше уважа́ет себя́.

Ми́тю удивля́ло, что на рабо́те он споко́йно открыва́л дверь перед председа́телем правле́ния ба́нка господи́ном Рызе́нко. Э́то его́ рабо́та. Он рабо́тал охра́нником, хотя́ в де́тстве мечта́л стать космона́втом. Рызе́нко не разгова́ривал с ним. Ему́ неинтере́сно. У него́ и так всё хорошо́ в жи́зни.

А вот в бюрократи́ческих кабине́тах со ста́рой ме́белью и пы́лью ка́жется, что да́же портре́ты Пу́тина² сейча́с гро́мко закрича́т: «А ты чей, холо́п, бу́дешь?» На́до идти́ к э́тому племя́ннику ма́миной подру́ги, кото́рая, как и мать, рабо́тает убо́рщицей. Сейча́с э́тот племя́нник — царь и бог.

— Хо́чешь, я попрошу́ подру́гу, что́бы она́ пошла́ с тобо́й?

«Почему́ ма́ма не понима́ет, что нет?» — поду́мал Ми́тя и пошёл к две́ри.

— Куда́?

— В туале́т.

Ми́тя дошёл до конца́ коридо́ра и встал у окна́. Ноя́брь. Зима́ пришла́ ра́ньше, чем обы́чно. На ли́стьях дере́вьев лежи́т снег. О́чень краси́во.

Комментарий

¹ Паспортно-визовая служба (ПВС) — в 1932–2004 годах — служба в структуре Министерства внутренних дел (МВД) России, занимавшаяся: а) регистрационным учётом; б) выдачей и заменой основных документов; в) оформлением гражданства и отказа от него; г) контролем за пребыванием на территории РФ иностранных граждан и лиц без гражданства.

² Путин — В.В. Путин, президент Российской Федерации (31.12.1999 – 07.05.2008, 2012 —).

Вопросы и задания

1. Объясните выражения: «Ты чей, холоп, будешь?», «*кто — царь и бог*».

2. Скажите, как вы понимаете следующие фразы:

«Митя подумал, что, когда матери не станет, то он увидит её во сне со спины с сигаретой». Как это характеризует отношения матери и сына?

«Неужели и после смерти они нас встретят и заставят писать какие-нибудь анкеты?»

«В бюрократических кабинетах со старой мебелью и пылью кажется, что даже портреты Путина сейчас громко закричат: "А ты чей, холоп, будешь?"»

3. Что значит, по мнению Мити и его мамы, быть «Господином начальником»? Отличаются ли бюрократы в вашей стране от российских? Чем?

4. Как Митя должен был вести себя в разговоре с начальником? Что он чувствовал бы, разговаривая с ним? Что Митя думал о себе и начальнике?

5. Возникают ли у вас психологические проблемы при разговоре с начальником? Какие?

6. Знают ли начальники о том, что мы о них думаем? Интересует ли и волнует ли их это? Почему?

10

Стоя у окна, Митя вспомнил, как его сын Ваня, увидев снег на листьях деревьев, сказал: «Папа, зима у осени в гостях».

В последнем письме Ваня написал, что они хотели бы пригласить его в гости. Ваня спрашивал, не хочет ли он приехать к ним в Осло[1]. Ваня сообщал, что на Рождество их не будет, в феврале на первом этаже у них будет ремонт, а в апреле они уезжают в Берлин[2]. Ваня предлагал приехать в марте. В письме не было «пожалуйста, приезжай» или «буду очень ждать». Это было похоже на расписание электричек. Дальше сын писал, что все расходы они оплатят. Деньги могут выслать заранее. Кристоф будет рад приезду Мити и мечтает о дружеских отношениях с ним. Если папа согласен, то пусть сразу ответит. Они оформят вызов и начнут всё организовывать. На лето у них уже есть планы. Они на полгода переедут в Берлин.

«В марте!.. — подумал Митя. — А почему они раньше не написали, что он может увидеть сына в марте?»

Письмо сына почти официальное, нет только печати. Наверное, это Марина его правила. Она, кажется, правит все его письма. Её можно понять. Ваня пишет по-русски всё неуве-

ренней. В его письмах много постскриптумов. Они самые важные для Мити, потому что живые. Эти постскриптумы приносят сильную боль. Но самую большую боль принёс рассказ о поездке с Кристофом в Австралию, про дайвинг среди красивых рыб. Теперь, когда Митя видит по телевизору этих рыб, настроение сразу становится плохим.

Митя не мог представить, как он приедет, как посмотрит жене в глаза. Марина, наверное, стала совсем другая. Будет странно увидеть незнакомую женщину, в которой есть их общее прошлое. И ещё там будет Кристоф. Как можно быть в гостях у человека, который увёл у тебя жену и сына? У человека, который прекратил твою жизнь? Как можно ложиться спать в его доме? Как можно спать рядом с их спальней и всю ночь прислушиваться? Как можно утром встречаться за завтраком и улыбаться? Интересно, а что они едят на завтрак?

Ему было стыдно от мысли, что он может согласиться на эту поездку. Он, ещё не прочитав до конца письма, знал, что напишет ответ, попросит денег и будет ждать нового письма или звонка. Ещё он займётся оформлением документов и загранпаспорта. А ещё он начнёт собираться и мечтать о том, как увидит Ваню в аэропорту... Ведь Ваня обязательно приедет в аэропорт?..

После этого письма Митя пошёл оформлять прописку и менять паспорт.

Комментарий

[1] Осло — столица Норвегии.
[2] Берлин — столица Германии.

Вопросы и задания

1. Объясните выражения: «женщина, в которой есть их общее прошлое», «человек, который увёл у тебя жену и сына», «заграничный паспорт» («загранпаспорт»).
2. Что нового вы узнали о жене и сыне Мити?

31

3. Почему письма Митиного сына похожи на расписание электричек или на деловые письма? Это результат конфликта семьи, культур или ещё чего-либо?

4. Почему самую большую боль Мите принёс рассказ сына о поездке с Кристофом в Австралию? Почему теперь, когда Митя видит по телевизору красивых рыб, его настроение становится плохим? Как, по-вашему, следует реагировать Мите на подобные ситуации?

5. Является ли фраза из письма сына «Кристоф будет рад приезду Мити и мечтает о дружеских отношениях с ним» искренней? Почему? А о чём мечтает Митя? Он будет рад встрече с Кристофом? Почему?

6. Почему Мите стыдно от мысли, что он может согласиться на эту поездку? А сыну стыдно за отца? Почему?

7. Почему после этого письма Митя всё же решил начать оформление прописки и обмен паспорта?

11

Ми́тя верну́лся в ко́мнату. Ма́ма продолжа́ла кури́ть, сто́я у окна́.

Она́ докури́ла сигаре́ту и сра́зу взяла́ но́вую. Ми́тя пожале́л, что прие́хал к ней, что́бы переночева́ть. Но у́тром на́до бы́ло встать о́чень ра́но, что́бы уже́ часо́в в пять заня́ть о́чередь в ПВС. Е́сли бы он пое́хал из своего́ до́ма, то не успе́л бы.

— Как он там? Звони́т? Пи́шет? — спроси́ла мать холо́дным го́лосом о Ва́не. Ми́тя сно́ва пожале́л, что прие́хал к ней.

— Всю про́шлую ночь я пла́кала. Я ви́дела его́ во сне́. В краси́вом костю́ме. Он был в како́м-то большо́м помеще́нии, — продо́лжила она́.

Ми́тя встал и взял пальто́.

— ...Вокру́г него́ бы́ло мно́го люде́й, цветы́. Цветы́ на полу́, под нога́ми. Я, ду́ра, не к нему́ побежа́ла, а начала́ собира́ть цветы́... А он пропа́л. Я цветы́ бро́сила. Бе́гаю, кричу́... Е́сли бы ты меня́ тогда́ послу́шал, Ва́нечка сейча́с бы был с на́ми, а не с ней. Е́сли бы ты послу́шал!

Ми́тя вы́шел из ко́мнаты. На у́лице бы́ло хо́лодно. Он почу́вствовал, что уста́л. На зелёной траве́ лежа́л снег. Е́сли бы не письмо́ Ва́ни, он продолжа́л бы жить как жил. Ну нет пропи́ски... Зако́нов, кото́рые написа́ли лю́ди в Ду́ме[1], мно́го... Не вы́шлют же его́ в Сиби́рь[2]? И в Гру́зию не вы́шлют. В Гру́зию-то не вы́шлют?

Ми́тя си́льно заду́мался. Он потеря́л связь с реа́льностью и ушёл глубоко́ в себя́. Глубоко́ в себе́ бы́ло всё, что ну́жно для жи́зни. Там мно́го ра́зных воспомина́ний. Чем сложне́е станови́лась ситуа́ция с па́спортом, тем бо́лее я́ркими станови́лись воспомина́ния. Э́то бы́ло стра́нно. Э́ти воспомина́ния уводи́ли его́ туда́, куда́ он не собира́лся возвраща́ться. Ему́ каза́лось, что он стои́т у две́ри, за кото́рой — большо́й пра́здник. Де́тство говори́ло с ним через дверь, но бы́ло пло́хо слы́шно. Он не понима́л, о чём оно́ говори́ло. Не о па́спорте же! Он закрыва́л глаза́. Что там? Что? Сперва́ запа́хло минда́лём, кото́рый рос за шко́лой... Зате́м он услы́шал ба́бушкин го́лос. Слов он не понима́л, а слы́шал то́лько её го́лос. Тепе́рь он ви́дел их большу́ю тбили́сскую кварти́ру — его́ пе́рвый и после́дний настоя́щий дом. Он вспо́мнил Лева́на — высо́кого, седо́го, с большо́й голово́й. Когда́ к сосе́дям приезжа́ли ро́дственники, они́ знако́мили их с други́ми сосе́дями и объясня́ли, кто те таки́е и чем замеча́тельны. С Лева́ном то́же серьёзно здоро́вались, но не как с сосе́дом, а как с прие́зжим. Лева́н э́того как бу́дто не замеча́л. Он улыба́лся. Он всегда́ улыба́лся. Он был сам по себе́.

Комментарий

[1] Дума — представительный и законодательный орган власти РФ (с 1993 г.).
[2] Сибирь — географический регион России между Уралом и Дальним Востоком, в прошлом место ссылки и каторги.

Вопросы и задания

1. Объясните выражение «воспоминания уводят *кого? куда?*».
2. Почему Митина мама так много курила?
3. Почему Митина мама спрашивала о внуке холодным голосом?

4. Узнайте, используя Интернет, что значит видеть во сне большое помещение, много людей, цветы, внука и т. д. Постарайтесь объяснить этот сон.

5. Что имел в виду Митя, думая, что он жил бы и жил, если бы не было письма?

6. Почему Митя был уверен, что его не вышлют в Сибирь? Боялся ли он, что его могут выслать в Грузию? Почему? Если бы Митя вернулся в Грузию, у него начались бы бюрократические проблемы? Какие? Почему?

7. Почему Митя вспомнил тбилисского соседа Левана, который был сам по себе? Как к Левану относились соседи?

8. Тот, кто сам по себе, всегда остаётся самим собой? Аргументируйте ответ.

9. Как характеризует Митю то, что «глубоко в нём было всё, что нужно для жизни»? Трудно ли таким людям жить в современном мире? Почему?

12

Леван часто ездил в Москву. Он был или профессор, или академик.

Однажды всё изменилось. Леван перестал ездить в командировки и стал жить дома, как обычные люди. Тогда все стали замечать, что он странный. Он часто выходил утром на улицу, вставал и смотрел на деревья. Он смотрел и смотрел, хотя там ничего не было, кроме солнца и птиц.

Ещё Леван кормил хлебом птиц и конфетами мальчишек. Он давал конфеты, а потом приглашал в свою квартиру, похожую на музей. В квартире было много шкафов. В них стояли разные старинные ружья. А ещё в квартире были чучела рыб и животных, которые смотрели на ребят. В доме было много и другого интересного.

Потом дети выросли. Леван перестал выходить во двор с конфетами. Он стал носить очки. Когда соседские мальчишки начали говорить мужскими голосами, Леван стал обращаться к ним на «вы», как это было принято у грузин.

Вскоре Митя понял, что, как и Леван, он тоже стал «сам по себе». Он всё реже появлялся в компании ребят, которые жили в его дворе. Митя начал читать. Он прибегал из школы, брал книгу и садился в кресло. Так он читал до вечера, пока его не заставляли ужинать и делать уроки.

Вопросы и задания

1. Что было общего у Левана с обычными людьми? Чем он отличался от них?
2. Зачем Леван приглашал в свой дом мальчишек? Было ли им интересно в его доме? Почему? Почему, когда мальчишки выросли, они перестали приходить к Левану, а он к ним стал обращаться на «вы»?
3. Что позволило понять Мите, что он, как и Леван, стал «сам по себе»?

13

Декабрь. Утро. Серое небо. Какой сильный ветер! Под ногами много мусора, прилетевшего с рынка. В ПВС начнут принимать с девяти. Митя пришёл в шесть утра и был двадцать девятым. Здесь, как и в ЖЭУ, тоже записывались на листках. Листки висели на двери. Митя не взял с собой ручку, поэтому решил попросить её у первого, кто придёт после него.

Подъехала «восьмёрка»[1]. Из неё вышел крупный мужичок лет сорока. Прежде чем подойти к очереди, он достал из кармана ручку.

— Извините, — сказал Митя, — ручку не дадите? Записать нечем.

Мужик грязно ругнулся, записал свою фамилию и дал Мите ручку. Теперь Митя был тридцатым. Он подумал, что всё делает неправильно. Не умеет. Ничего он здесь не умеет делать правильно.

Дверь в ПВС открыли, и толпа двинула вперёд. В толпе слышалось:

36

— А у вас какой но́мер?

— Мне то́лько спроси́ть.

В полови́не деся́того позади́ толпы́ кто́-то стро́го закрича́л:

— Пропусти́те! Пропусти́те, блин²!

— В каку́ю ко́мнату? Тут о́чередь! — тут же спроси́ла ста́рушка в парике́.

— Да я сейча́с про́сто уйду́! И вся ва́ша о́чередь пойдёт домо́й! — заяви́л э́тот кто́-то.

О́чередь дала́ доро́гу... Де́вушка лет двадцати́ в вече́рнем макия́же прошла́ сквозь толпу́, сказа́в: «Вот бара́ны!» За ней прошли́ три тётки. Де́вушка подошла́ к две́ри, доста́ла ключ и откры́ла её.

— Ну, чего́, блин? — сказа́ла она́, сто́я спино́й к толпе́.

— Мо́жно заходи́ть?

— Вас позову́т.

— Хо́лодно!..

Де́вушка с тётками вошла́ в кабине́т.

— Позову́т? Когда́ позову́т-то? Уже́ полчаса́ как должны́ рабо́тать, — сказа́л кто́-то из о́череди.

Де́вушка верну́лась, внима́тельно посмотре́ла на толпу́:

— Кто тут у нас у́мный тако́й? А?!

Никто́ не отве́тил.

Она́ посмотре́ла на того́, кто был в си́нем бере́те. Посмотре́ла и ушла́ в кабине́т. Толпа́ подошла́ бли́же к откры́той две́ри.

— Да-а-а, — сказа́л мужи́к из «восьмёрки» си́нему бере́ту. — Она́ тебя́ определи́ла. Мой тебе́ сове́т: иди́ домо́й и ра́ньше, чем через неде́лю, сюда́ не приходи́. Мо́жет, она́ тебя́ забу́дет.

Позва́ли в нача́ле оди́ннадцатого. Лю́ди заходи́ли и расходи́лись по трём коридо́рам. Ми́тя то́же вошёл и за́нял о́чередь. Он встал у батаре́и. На́до бы́ло согре́ться. А ещё он о́чень хоте́л в туале́т. Что́бы отвле́чься, он прислу́шался к разгово́ру:

— Тре́тий день хожу́...

— У вас что?

— Ребёнок. На́до сро́чно сде́лать гражда́нство. Они́ тепе́рь запро́с де́лают туда́, где роди́лся. Заче́м? Не могу́ поня́ть! Он во Владивосто́ке³ роди́лся. Пока́ э́ти туда́ напи́шут, пока́ те отве́-

тят. Вре́мени пройдёт мно́го. А его́ пригласи́ли за грани́цу на три ме́сяца по обме́ну. Вдруг за ме́сяц не успе́ем?

— Э́то вам к нача́льнику на́до.

— Ду́маете?

— Зна́ю!

Комментарий

[1] «Восьмёрка» — (разг.) модель советского автомобиля ВАЗ-2108 («Лада»).

[2] Блин — заменяет грубое, матерное слово. Русский мат — группа слов, связаных с названиями половых органов, которая происходит от древних языческих формул. Матерные выражения произносили в трудную минуту, а также при выполнении трудных дел, например, при постройке дома, точные значения выражений с матерными словами бывает трудно определить по контексту без учёта интонации. Он может быть и оскорбительным для адресата, и нейтральным. Сексуальный и религиозный смысл уступают место чистой эмоции говорящего: гневу, скуке, одобрению и т. п. За публичное употребление мата в России и других странах предусмотрена административная ответственность. Отсюда матерные = нецензурные слова.

[3] Владивосток — город и порт на Дальнем Востоке России.

Вопросы и задания

1. Объясните выражения: «грязно ругнуться», «кто в вечернем макияже», «пройти сквозь толпу», «Вот бараны!».

2. Как бы вы чувствовали себя на месте Мити? Как бы вы действовали?

3. Почему мужичок из «восьмёрки» встал в очередь, а не стал дожидаться открытия ПВС в своей машине? Он опытный человек в общении с бюрократами? Почему?

4. Почему Митя подумал, что он всё здесь делает неправильно? А в Тбилиси он бы всё делал правильно? Почему?

5. Почему девушка в макияже так разговаривала с людьми, стоящими у дверей ПВС? Почему она выделила из толпы человека в берете, а не мужичка из «восьмёрки»?

6. Каждый ли, стоящий в очереди, возмущался происходящим в ПВС? Почему?

14

Митя решил сегодня к начальнику не идти, а пойти сначала к инспектору по гражданству.

Уже прошло минут двадцать, но никто их не звал. Мите очень надо было в туалет, и он спросил: «Извините, а где тут туалет?»

— Шутишь? Какой туалет? Тут даже стульев нет! Все стоим! Наконец дверь, у которой они стояли, открылась. В ней появилась девушка с вечерним макияжем, которая крикнула в толпу: «Дайте дорогу, блин!» Крикнув кому-то зло: «Да убери же ты свои ноги!» она прошла мимо очереди, неся в руках чайник.

«Почему опять? Почему я здесь? Почему они всегда найдут и поставят в эту очередь, в эту злую потную толпу? Кто последний? За чем стоим? За гражданством? Сколько стоит? Зачем это? Почему снова и снова это повторяется? Повторяется, когда мы православные, повторяется, когда мы советский народ, повторяется, когда мы россияне? Мы всегда толпа. Очередь. Бесконечная очередь за нормальной жизнью. Очередь, которая стала формой жизни. Кто ты, очередной? Какой твой номер? Очередь растёт как дерево. Появляются новые ветки — это новые очереди. Влево, вправо, вверх, вниз тянутся эти ветки к своим кабинетным солнышкам. Что дают? Гражданство? Вам надо?»

Митя уже не мог смотреть на людей, которые очень близко друг к другу стояли в коридоре и молчали. Говорить здесь было опасно, так же как курить рядом с бензином.

Появилась девушка с чайником. Она шла к кабинету. Митя встал перед ней и спросил: «Извините, когда приём начнётся?»

Она на секунду подняла на него глаза и пошла в кабинет, бросив толпе: «Чай буду пить».

— Чтоб им захлебнуться, — сказал кто-то.

Вопросы и задания

1. Объясните выражение «кабинетное солнышко».
2. Как вы думаете, почему Митя решил сначала пойти к инспектору по гражданству, а не к начальнику?
3. Чем отличается очередь от толпы?
4. Как вы понимаете фразу: «Очередь, которая стала формой жизни»?
5. Что имел в виду Митя, думая: «Почему снова и снова это повторяется? Повторяется, когда мы православные, повторяется, когда мы советский народ, повторяется, когда мы россияне»?
6. Почему в коридоре ПВС говорить было так же опасно, как и курить рядом с бензином?
7. Митя опять совершил ошибку, когда спросил девушку с чайником о том, когда начнётся приём? Почему? Может ли это иметь какие-либо последствия? Какие?

15

Наконец подошла Митина очередь, и он вошёл в кабинет.

Девушка в вечернем макияже оказалась инспектором по гражданству. Митя стоял, а она говорила по телефону с подругой. Кабинет пропах дезодорантами. За столами сидели паспортистки. Согнувшись, люди стояли рядом с их столами, потому что стульев не было. Митя стоял долго, ему очень хотелось в туалет. Наконец она закончила разговор.

— Вот, — Митя положил перед ней паспорт. Говорить нужно быстро, потому что сзади очередь и очень хочется в туалет.

Она взяла паспорт и быстро посмотрела его.

— У меня вкладыша нет, а прописка в девяносто втором была временная, а вообще я здесь живу с восемьдесят седьмого года, я учился здесь в университете, в армии отслужил.

Он говорил и всё больше и больше себе не нравился. Он тоже, как и другие, уже стоял согнувшись. Голос стал не его. Интеллект пропал.

— А почему вы сюда пришли?

— Что «почему»? — не понял Митя.

41

— Ну почему́ вы пришли́ и́менно в на́шу ПВС, а не в другу́ю? Мы не ока́зываем услу́г ли́цам, не пропи́санным в на́шем райо́не. До свида́нья.

— Так вы же меня́ и не пропи́сываете.

— Не пропи́сываем, зна́чит, не ви́дим основа́ния.

— Вы меня́ послу́шайте. У меня́ пенсио́нное[1] есть, есть ИНН[2]...

— Сле́дующий!

— Подожди́те, подожди́те. Как? Как «сле́дующий»? А мне что де́лать?

— Иди́те к адвока́там.

— К каки́м адвока́там? Вы бы хоть вы́слушали меня́.

— А что вам непоня́тно? Согла́сно при́нятому зако́ну, граждани́ном Росси́и признаётся тот, кто име́ет вкла́дыш о гражда́нстве ли́бо постоя́нную пропи́ску. Ни того́, ни друго́го у вас нет. До свида́нья.

— Мне же вкла́дыш тогда́ не да́ли из-за вре́менной пропи́ски.

— Вы прие́хали к нам с террито́рии иностра́нного госуда́рства!

— Како́го иностра́нного госуда́рства? Тогда́ э́то госуда́рство СССР называ́лось. Мо́жет, слы́шали о тако́м? И пото́м, ведь в том ста́ром зако́не говори́лось, что граждани́ном явля́ется ка́ждый прожива́ющий на террито́рии Росси́и, кто не пода́ст заявле́ния об отка́зе от гражда́нства. Я не подава́л.

— Е́сли вы тако́й у́мный, мо́жете обойти́сь и без адвока́тов. Сле́дующий!

Ми́тя положи́л па́спорт в карма́н и вы́шел из кабине́та. Он шёл по коридо́ру. В голове́ был ха́ос: кто он в э́той стране́, неуже́ли он не смо́жет пое́хать к сы́ну и где здесь туале́т?

Комментарий

[1] Пенсионное — здесь: пенсионное страховое свидетельство, которое является документом, подтверждающим регистрацию в системе государственного пенсионного страхования.

[2] ИНН — аббр. «идентификационный номер налогоплательщика» — цифровой код того, кто платит налоги.

Вопросы и задания

1. Объясните выражения: «согласно закону», «хаос в голове».
2. Почему инспектор разговаривала с подругой по телефону, в то время как Митя стоял у её стола?
3. Почему Митя, говоря с инспектором, всё больше и больше себе не нравился?
4. Почему инспектор, разговаривая с Митей, говорила от «мы», а не от «я»?
5. От чьего имени (от «я» или «мы») обычно разговаривают с посетителями бюрократы / представители фирм в вашей стране? Почему инспектор обращалась к людям, стоящим в коридоре, на «ты», а к посетителям в кабинете — на «вы»?
6. Хамство определяется как «тип поведения человека, которое отличается резким, грубым и некооперативным способом общения». Можно ли назвать инспектора по гражданству хамкой? Почему? Чем отличается «хамить» от «оскорблять»? Мог ли Митя сказать, что инспектор по гражданству: а) вела себя по-хамски; б) оскорбила его? Почему?
7. Выразите своё отношение к тому, как говорил и как вёл себя Митя.
8. Сравните визит Мити в ЖЭУ (тексты 2, 3) и в ПВС. Сделайте выводы.

16

Туалета нигде не было, и Мите пришлось пойти за гаражи. Выходя оттуда, он заметил человека, который делал то же самое, что и он минуту назад. Это был Олег — его бывший однокурсник. Обычно Митя не здоровался с теми, с кем когда-то учился, но в этот раз почему-то поздоровался. Поздоровался с ним за руку, хотя уже в студенческие годы его рука была ему неприятной. Говорили, что его отец работает в КГБ[1]. Когда Олега спрашивали, правда ли это, он не отвечал, а только неопределённо улыбался.

— Ну, как ты? Как жизнь?
— Отлично! — ответил Олег. — А ты?
— Бывало лучше, только не помню когда.

— А что так?

И тут Митя рассказал обо всех проблемах, хотя чужим ничего о себе не рассказывал. Олег слушал внимательно, задавал вопросы, потом сказал: «Приходи ко мне в понедельник утром в «Интурист»[2]. Принеси документы. Решим вопрос. Встретимся там в фойе. Не люблю я кабинетов!» Он хотел дать визитку, но её не оказалось. «Забыл в кабинете!» — объяснил он.

— А ты где работаешь? — поинтересовался Митя.

— В «Интуристе», — ответил он, записывая на бумажке номер телефона. — Это домашний. Позвони, если в понедельник не сможешь. Встретимся в другое время. Но лучше приходи в понедельник. Я зам генерального директора у Бирюкова. Он ещё и кандидат в депутаты. Ну, извини! Некогда! Скоро машина подойдёт. Дел много! Пока!

«Да, — подумал Митя, — а ведь никто к Олегу из однокурсников серьёзно не относился. А теперь «Интурист»... Говорит, поможет с паспортом... Молодец, Олег! Сто лет не видел, а сразу решил помочь! Молодец! А если бы я, как обычно, прошёл мимо? Нехорошо! Нельзя так с людьми, с бывшими однокурсниками. Они могут быть полезными».

Комментарий

[1] КГБ — аббр. «Комитет государственной безопасности» — партийно-государственный орган, выполнявший задачи по защите коммунистического режима советской России (СССР) от внутренних и внешних врагов (1954—1991).

[2] «Интурист» — здесь: о лучшей гостинице Ростова-на-Дону (сейчас «Don-Plaza»). В начале перестройки начинающие бизнесмены и политики арендовали в гостиницах номера под офисы.

Вопросы и задания

1. Объясните выражения: «неопределённо улыбаться», «зам генерального директора», «сто лет не видеть *кого? что?*».

2. Как вы думаете, почему Митя обычно не здоровался с теми, с кем когда-то учился?

3. У Олега действительно всё отлично? Почему?

4. Как вы думаете, почему, когда Олега спрашивали, работает ли его отец в КГБ, он не отвечал, а только неопределённо улыбался?

5. Согласны ли вы с тем, что неприятная рука может быть только у неприятного человека? Аргументируйте ответ.

6. Может ли человек, к которому никто в молодости серьёзно не относился, сделать карьеру? Почему?

7. Согласны ли вы с тем, что с бывшими однокурсниками лучше поддерживать отношения, потому что они могут быть полезными? Аргументируйте ответ.

17

Пять квадра́тных ме́тров. Ко́мната охра́нников комме́рческого ба́нка «Югинве́ст». Уже́ не́сколько лет Ми́тя рабо́тает здесь. В ко́мнате ужа́сный за́пах. Ко́мната па́хнет и́ми, а они́ — ко́мнатой. Они́ — охра́нники. Ма́ло кто из рабо́тников ба́нка с ни́ми здоро́вается.

По ра́ции сообщи́ли, что подъезжа́ет гла́вный — председа́тель правле́ния ба́нка Рызе́нко. Ми́тя встал и вы́шел на у́лицу. Дождь.

Вско́ре из-за поворо́та появи́лся чёрный «Мерседе́с». Маши́на подъе́хала к ба́нку, две́ри откры́лись. Рызе́нко вы́шел ра́ньше телохрани́телей и побежа́л к вхо́ду. Как всегда́, его́ лицо́ бы́ло похо́же на лицо́ шахмати́ста.

— Михаи́л Ю́рьевич, — обрати́лся к нему́ Ми́тя, — Михаи́л Ю́рьевич, я подходи́л к вам. В про́шлый понеде́льник. Насчёт па́спорта. Насчёт гражда́нства.

Гла́вный останови́лся и посмотре́л на него́. Он смотре́л и молча́л. Ми́тя уже́ пожале́л, что на́чал говори́ть о свои́х пробле́мах.

— А! Ну и что? — спроси́л наконе́ц он.

Ми́тя уже́ о́чень си́льно жале́л, что на́чал э́тот разгово́р. Но на́до бы́ло что́-то отвеча́ть. И он продо́лжил:

— Я вам расска́зывал. Мне в ПВС па́спорт не меня́ют. Вы сказа́ли, что поду́маете... поду́маете насчёт того́, что мо́жно сде́лать.

Говоря это, Митя очень не нравился себе, потому что его голос стал сладким.

— Так что ты хочешь, чтобы я поехал туда, им морды набил, что ли? — спросил Рызенко и побежал вверх по лестнице.

«Забыл дверь открыть!» — вдруг вспомнил Митя, глядя как главный, уже открыв её, направляется по коридору в валютный отдел.

«Главный не в настроении, — подумал Митя. — Не надо было сегодня подходить. Плохое настроение. Утром было видно, что он не в настроении. Зачем стал спрашивать? Может, лучше бы было подойти в пятницу после обеда? А сегодня не надо было. Зря. Сегодня не надо было».

К нему подошёл охранник Толик и, усмехнувшись, спросил:

— Ну что, грузинский нелегал, пора на историческую родину?

Вопросы и задания

1. Объясните выражения: «лицо было похоже на лицо шахматиста», «сладкий голос», «не в настроении», «историческая родина».

2. Выскажите предположение и аргументируйте ответ.
— Почему с охранниками мало кто из работников банка здоровается?
— Почему в комнате охранников ужасный запах?
— Что за люди идут в охранники?
— Престижно ли работать охранником банка?
— Дружит ли Митя с кем-нибудь из охранников банка?

3. Почему председатель правления банка обещал Мите подумать насчёт того, как можно решить его проблему?

4. Кого винил Митя в том, что разговор не получился? Почему?

5. Как и почему Митя оправдал председателя правления банка?

6. Митя будет ещё раз подходить к главному со своей просьбой? Почему?

18

В 1993-ем году́ Ми́тя пришёл рабо́тать в банк «Югинве́ст». Он сра́зу почу́вствовал себя́ достопримеча́тельностью из-за своего́ акце́нта и свои́х «неру́сских зама́шек». Акце́нт то уходи́л, то возвраща́лся. А вот зама́шки остава́лись. Ми́тя чу́вствовал, что он друго́й. Чужо́й. Он стара́лся каза́ться свои́м, пря́ча в себе́ чужо́е. Но э́то чужо́е выходи́ло из него́ в са́мых неожи́данных ситуа́циях. К нему́ привы́кли. Привы́кли, но иногда́ говори́ли: «Слы́шал, что там в твое́й Гру́зии де́лается?» Он отвеча́л: «Да, слы́шал». Отвеча́я так, он ду́мал, что Гру́зия уже́ давно́ не его́. Она́ переста́ла быть его́, когда́ по у́лицам прошли́ лю́ди с плака́тами Гамсаху́рдии.

— Что бу́дешь де́лать? — спроси́л охра́нник То́лик.

— Не зна́ю, — отве́тил Ми́тя, — меня́ бо́льше загранпа́спорт интересу́ет. Е́сли бы мо́жно бы́ло сде́лать без регистра́ции и про́чей ерунды́...

— Заче́м тебе́?

— В турпое́здку[1] хочу́ съе́здить.

— Кру́то! А де́ньги?

— Копи́л.

— Вас, бога́тых, не поймёшь. Турпое́здка! — То́лик не мог э́того поня́ть. Он посове́товал: — Возьми́ девчо́нок и съе́зди с ни́ми на́ реку! Лу́чше любо́й турпое́здки! Ла́дно, узна́ю. У сестры́ сосе́д ке́м-то в УВД[2]. Мо́жет, помо́жет?

— Спроси́.

— Ну ла́дно... Пойду́... Съем что́-нибудь... Пойдёшь?

— Попо́зже, — отве́тил Ми́тя.

Ми́тя ду́мал, что гла́вный помо́жет. Он то́чно знал, что тот мог помо́чь. Одному́ из свои́х телохрани́телей он сде́лал ну́жный докуме́нт. Друго́й его́ телохрани́тель сиде́л бы сейча́с в тюрьме́. Но гла́вный всё сде́лал так, что и суда́ не́ было. Коне́чно, Ми́тя не телохрани́тель, он то́лько дверь открыва́ет...

Комментарий

Турпоездка — туристическая поездка.
УВД — аббр. «Управление внутренних дел» — территориальное (областные, городские, районные и т. д.) подразделение органов милиции в России.

Вопросы

1. Почему Митя чувствовал себя на работе достопримечательностью? Хорошо ли быть достопримечательностью где-либо? Почему?
2. Как в иной культурной или социальной среде чувствовать себя своим? Нужно ли в иной среде стараться казаться своим? Почему? Как?
3. Почему председатель правления банка помог своим телохранителям, но не помог Мите? Чем телохранитель отличается от охранника?

19

Улица, на которой жил Митя у бабы Зины, называлась Филимоновская[1]. По ночам, когда нет сна, он смотрел на крыши. Они напоминали ему крыши старого Тбилиси. У каждого дома — бак для мусора. Рядом с этими баками бомжей не увидишь — взять нечего.

Самое интересное время на Филимоновской — раннее утро. Утром здесь не видно людей, которые торопятся на работу. Утром здесь люди выходят на тротуары. Женщины с грязными волосами. Мужчины, раскуривающие «бычки». Сначала они стоят и смотрят по сторонам. Потом начинают собираться в группы по двое или по трое, а потом эти группы ненадолго соединяются. Короткие вопросы. Короткие ответы: «нет», «откуда?», «выпили!». Затем они начинают внимательно смотреть на прохожих и просить мелочь. Многие дают. Поэтому момент, когда к Мите перестали подходить и просить мелочь, стал для него победой.

Быть здесь «своим» он учился у Люси. К ней за мелочью не подходили. А если по ошибке и подходили, то она их сразу

посыла́ла. Ми́тя замеча́л, что, когда́ они́ шли вме́сте, его́ хло́пали по плечу́ и спра́шивали: «Как жизнь, жени́х?» Когда́ же он шёл оди́н, то мно́гие да́же не здоро́вались. В о́бщем, Ми́тя учи́лся у неё. Са́мым тру́дным, да́же невозмо́жным бы́ло нача́ть говори́ть так, как здесь обы́чно разгова́ривали ме́жду собо́й.

— Ты ду́маешь, мне нра́вится матери́ться[2]? На́до! — говори́ла Лю́ся.

— Я уме́ю, — отвеча́л Ми́тя, — но матери́ться при же́нщинах...

— При каки́х же́нщинах? При ба́бе Зи́не? Так таки́е слова́, как «пожа́луйста» и «бу́дьте добры́», ей настрое́ние по́ртят. Ты в а́рмии матери́лся?

— Да. Обща́ться-то на́до. Но тепе́рь же я не в а́рмии, я до́ма. Я не могу́ привы́кнуть здесь матери́ться. Матери́шься, когда́ руга́ешься. Матери́шься, когда́ ссо́ра, дра́ка, когда́ тебя́ что́-то взбеси́ло. А разгова́ривать ма́том у меня́ не получа́ется.

— На́до, — говори́ла Лю́ся и добавля́ла: — Дава́й учи́ться.

По́зже Ми́тя ча́сто ду́мал о том, как всё бы́ло бы, е́сли бы он не получи́л ме́сто в обща́ге и е́сли бы оста́лся здесь, на Филимо́новской. Вот-во́т он до́лжен был стать здесь свои́м.

Со вре́менем Ми́тя по́нял, что и Лю́ся не была́ на Филимо́новской свое́й. Она́ была́ сама́ по себе́. Она́ учи́лась му́зыке. (Здесь никто́ не учи́лся му́зыке.) Но и совсе́м чужо́й, как Ми́тя, Лю́ся не была́.

Комментарий

[1] Филимоновская — от имени Филимон; в переводе с др.-греч. «любящий, любимый».

[2] Материться — использовать мат — см. комментарий к слову «блин» выше.

Вопросы и задания

1. Объясните выражение: «портить настроение *кому? чем?*».
2. Почему Митя снял комнату на Филимоновской улице?

3. Какие короткие вопросы задавали каждое утро друг другу те, что жил на Филимоновской?

1) — ...? 2) — ...? 3) — ...?
— Нет.   — Откуда?   — Выпили!

4. Объясните, что обозначает действие «хлопнуть по плечу».

5. Почему, когда Митя шёл по Филимоновской с Люсей, к нему обращались «жених»? Выразите своё отношение к такому обращению.

6. Почему, когда Митя шёл по Филимоновской без Люси, с ним мало кто здоровался?

7. Почему Митя не мог научиться разговаривать матом? Какие люди разговаривают матом? В каких ситуациях можно использовать мат?

8. Почему на Филимоновской было трудно стать своим? Мог ли Митя стать здесь по-настоящему своим? Почему? Мечтал ли он стать на Филимоновской своим? Аргументируйте ответ.

9. Почему Митя общался с Люсей?

20

Люся полностью стала бы своей на Филимоновской, если бы не посадила Шурупа на пятнадцать лет в тюрьму.

Шуруп любил весь район. Он воровал автомобили. У него всегда были деньги. Он всегда был весёлый и злой. Его появление было праздником.

— О-о-о! Какие люди![1] — радостно кричали ему жильцы. Они знали, если приехал Шуруп — будет большой праздник.

У Шурупа было две любовницы, проживающие в этом дворе в домах, расположенных друг напротив друга. Бывало, что праздник начинался у одной из них, а затем продолжался у другой.

Случалось, что Шуруп останавливался у бабы Зины, если не хотел общаться с любовницами. Он дружил с бабой Зиной и уважал её.

— Зина! — кричал он ей в окно. — Зина! Доктор пришёл и лекарство[2] принёс!

После этого дня два все слышали голос бабы Зины, который то спрашивал, то учил, то хвалил Шурупа.

Сам Шуру́п ре́дко напива́лся, он люби́л спа́ивать други́х. Но, е́сли напива́лся, то станови́лся сумасше́дшим. В тако́м состоя́нии он ма́ло говори́л и часа́ми мог смотре́ть в одну́ то́чку. В тот раз он прие́хал в плохо́м настрое́нии. Ба́ба Зи́на сбе́гала в магази́н и верну́лась с двумя́ больши́ми паке́тами.

— Зи́нка, госте́й зовёшь? — спроси́ла Лю́ськина мать.

— Ни-ни-ни, — отве́тила она́ о́чень серьёзно. — Тоска́ у него́, ох, тоска́!

Весь день на ку́хне бы́ло ти́хо. Всё э́то бы́ло стра́нно. Никто́ ничего́ не понима́л.

На второ́й день Зи́на сбе́гала в магази́н ещё раз. По́сле э́того их пья́нка вы́шла из ку́хни на вера́нду. Тут же собрали́сь сосе́ди. На столе́ ря́дом с магази́нными проду́ктами появи́лись дома́шние солёные огурцы́ и капу́ста.

Шуру́п, настрое́ние кото́рого ста́ло лу́чше, на́чал расска́зывать свои́ воровски́е исто́рии. Он сно́ва был в це́нтре внима́ния. То́ня, одна́ из его́ любо́вниц, сиде́ла напро́тив него́ и гро́мко смея́лась. Она́ пока́ боя́лась подходи́ть к нему́ сли́шком бли́зко. Друга́я — до́лго смотре́ла на него́ из своего́ окна́, зате́м ре́зко закры́ла его́ и бо́льше не появля́лась.

Вско́ре То́ня наде́ла чёрное ба́рхатное пла́тье и начала́ носи́ть на стол капу́сту, огурцы́, грибы́ и да́же сала́т, сде́ланный так, как он люби́л. Кто́-то вы́нес магнитофо́н. Му́зыка ещё не начала́сь, но кто́-то уже́ кри́кнул: «Иии-е́х!» и пошёл танцева́ть. Тётки на́чали стуча́ть по желе́зному по́лу нога́ми. Гуля́ли гро́мко. Гуля́ли так, бу́дто гна́ли недо́брых ду́хов, нагоня́ющих тоску́. Но пра́здник зако́нчился ра́ньше, чем обы́чно. Ра́ньше потому́, что Шуру́п уста́л, так как пил уже́ второ́й день. То́не, кото́рая уже́ вовсю́ ле́зла к нему́, дал знак идти́ спать на дива́н, кото́рый стоя́л на ку́хне у ба́бы Зи́ны.

Комментарий

[1] Какие люди! — часть фразы-приветствия «Какие люди — и без охраны!», выражающей ироническое удивление встречей.

[2] Лекарство — здесь: алкоголь.

Вопросы и задания

1. Почему Шуруп был на Филимоновской своим и его все любили?
2. Когда и почему Шуруп останавливался не у своих любовниц, а у бабы Зины? Как он относился к бабе Зине? Какие у них были отношения?
3. Чем этот приезд Шурупа был не похож на предыдущие?

21

Ночью баба Зина, которая спала на полу у холодильника, встала, чтобы попить воды, и увидела, что Шурупа нет. Она пошла посмотреть, где он может быть. Сначала проверила в туалетах, затем в других местах. Поискав, она решила вернуться к себе. Идя по коридору, она вдруг услышала за Люськиной дверью его голос. Баба Зина открыла дверь и вошла в комнату.

Люська лежала на кровати, а сверху, приставив к её горлу нож, сидел Шуруп. Одежда на девушке была вся разорвана, руки были связаны, лицо в крови. Шуруп пытался её поцеловать в губы. Баба Зина спросила Люсю:

— А мать где?

— На работе...

— Иди, иди отсюда! Иди, говорю! Не видишь, что... — сказал Шуруп.

Баба Зина посмотрела на него и усмехнулась:

— Вижу! Мало тебе девок? — сказала она ему, а потом посмотрела на Люсю: — Кричала?

Люся кивнула: «Да».

— И что? Не могли, соседи дорогие, за мной прийти?

— Иди, старая! Не до тебя сейчас!

— Ах, ты! Думать уже нечем? — баба Зина подошла и шлёпнула Шурупа по голому заду. — Пойдём, дорогой!

Он странно посмотрел на Люсино лицо в крови, убрал нож, хотел что-то сказать, но не сказал.

— Пойдём, пойдём, — повторила баба Зина.

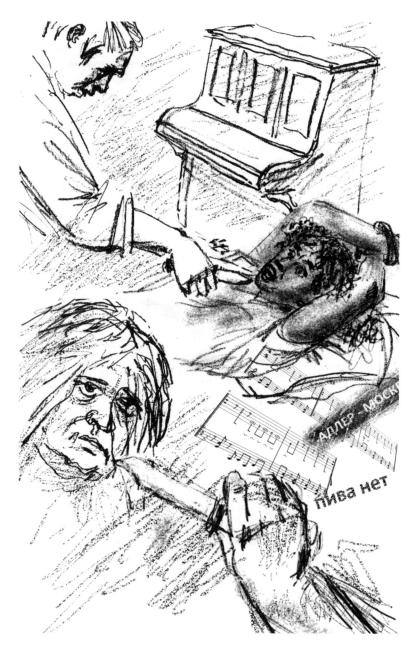

Можно было подумать, что он сам готов уйти, только ему надо найти правильные слова, чтобы всё закончить. Вдруг он холодно выругался, повернулся к Зине и вставил нож ей в живот как ключ в замок. Она упала. Шуруп надел брюки и вышел.

Все объясняли Люсе, что он был пьяный, что Зину всем очень жалко, что не надо ломать его молодую жизнь. Пьяная мать говорила: «Он за похороны её заплатил. Он место на кладбище ей самое хорошее, у входа, купил. Он в трауре ходит. Скажи, что это другой какой-то в комнату к тебе зашёл».

Ничего не помогло. Шуруп сел в тюрьму.

Вопросы

1. Объясните выражения: «холодно выругаться», «вставить нож в живот *кому*, как ключ в замок», «ломать/сломать *кому* молодую жизнь».

2. Почему баба Зина пошла ночью искать Шурупа?

3. Почему Шуруп решил изнасиловать Люсю?

4. Почему баба Зина решила защитить Люсю?

5. Почему Шуруп убил бабу Зину?

6. Выразите своё отношение к соседям, которые не пришли на помощь Люсе и бабе Зине, решившей защитить девушку.

7. Правильно ли Люся сделала, что не послушала свою мать? Почему?

8. Как бы сложилась жизнь Мити, если бы он остался жить на Филимоновской?

22

Митя не спал уже вторую ночь. Он уже понял: бессонница. Значит, он будет курить, стоять на балконе, сидеть на кухне. Ждать. Ждать, когда придёт усталость.

Он лежал и смотрел на дым от сигареты. Рядом спала Люся. Тишина. Кажется, он не любит тишину. В комнате работает телевизор. Мерцает и плывёт сама комната. В эти минуты можно стать самим собой. Можно стать нагим и мягким. Можно созерцать. Может быть, его природа — созерцатель. Бездельник. Да, бездельник. Он созерцает и думает. И что? Уничтожить его за это? Таки́х, как он, по всей Росси́и — миллио́ны. У него́ не бу́дет побе́д, как хоте́ла Мари́на. Созерца́тель не побежда́ет. Е́сли ска́жут: «Вперёд!», он бу́дет смотре́ть, как все побежа́ли. Кто́-то придёт пе́рвым, кто́-то — двадца́тым, а кому́-то лу́чше сиде́ть и смотре́ть. Тако́в мир. Почему́ тогда́ на́до казни́ть? Да пошли́ вы все![1]

Ми́тя реши́л сходи́ть в магази́н за сигаре́тами.

Он шёл по холо́дной у́лице к да́льнему магази́ну и вспомина́л.

...Не́ было никаки́х зна́ков, что поя́вится Мари́на. Он верну́лся из а́рмии и попа́л в но́вую студе́нческую гру́ппу, где она́ была́ ста́ростой.

Норма́льная жизнь, в кото́рую Ми́тя верну́лся из а́рмии, како́е-то вре́мя каза́лась ему́ стекля́нной. Стекля́нные лю́ди писа́ли ле́кции, писа́ли курсовы́е рабо́ты, чита́ли уче́бники. Он то́же всё э́то де́лал и ждал, когда́ всё э́то ста́нет настоя́щим. Позади́ э́того стекла́ иногда́ появля́лись чёрно-бе́лые арме́йские карти́нки: чёрный дым, танк, бе́женцы, сидя́щие на чемода́нах, — всё э́то остава́лось ещё о́чень живы́м. Но карти́нки станови́лись всё бо́лее далёкими, и наконе́ц Ми́тя верну́лся отту́да по-настоя́щему.

Он вспо́мнил, как шёл по у́лице. Была́ зима́, шёл снег. Кто́-то шёл сза́ди. Мари́на. Обогна́в его́, улыбну́лась и показа́ла глаза́ми — снег! Пока́ она́ шла до двере́й факульте́та, Ми́тя жа́дно смотре́л на неё, как бу́дто он хорошо́ хоте́л запо́мнить её спи́ну, сапо́жки, плато́к и снег на пальто́. Так по сне́гу она́ вбежа́ла в его́ жизнь.

Тепе́рь по утра́м, когда́ он приходи́л на факульте́т, пре́жде всего́ иска́л её глаза́ми. Он наблюда́л за ней. Пожа́луй, она́ ему́ не нра́вилась. Всё у неё бы́ло и́ли «плюс» и́ли «ми́нус», и́ли «да» и́ли «нет». Всё пра́вильно и стро́го, без оши́бок. Ещё она́ никогда́ и никуда́ не опа́здывала. По утра́м её оде́жда па́хла утюго́м. И э́та мальчи́шечья стри́жка... В ней бы́ло что́-то солда́тское. Нет, она́ не могла́ быть люби́мой де́вушкой Ми́ти.

— Да-а-а, хоро́шая де́вушка. То́лько стро́гая, — сказа́л кто́-то из парне́й.

— Ты про кого?

— Ми́тя, что я, не ви́жу, как ты не неё смо́тришь?

— Ерунду́ говори́шь.

— Зна́ешь, снача́ла так смо́трят, а пото́м и же́нятся.

Он тогда́ рассмея́лся. Ему́ показа́лось смешны́м, что на Филимо́новской его́ уже́ пожени́ли с Лю́сей, а здесь, на факульте́те, похо́же, собира́ются пожени́ть на Мари́не. Ми́тя тут же рассказа́л, како́й должна́ быть его́ жена́ и почему́ зде́шние жёны не мо́гут конкури́ровать с кавка́зскими. Ещё он сказа́л, что за жено́й пое́дет домо́й, в Тбили́си. Свою́ речь он зако́нчил слова́ми:

— Хоро́шие жёны, мой друг, на Кавка́зе! Там акаде́мия жён.

Говори́л всё э́то Ми́тя темпера́ментно и эмоциона́льно. А когда́ замолча́л, то по́нял, что сам не ве́рит в то, что сказа́л.

Удивля́ясь самому́ себе́, он продолжа́л погля́дывать на Мари́ну.

Комментарий

[1] Да пошли вы все! — (разг.) здесь: опущено матерное слово; употребляется в значении «отстаньте, оставьте меня в покое».

Вопросы и задания

1. Объясните выражения: «природа *кого?*», «показать глазами», «жадно смотреть *на кого? / на что?*», «вбежать *в чью* жизнь», «стеклянная жизнь», «нормальная жизнь», «чёрно-белые армейские картинки воспоминаний», «вернуться (из армии) по-настоящему», «академия жён».

2. Когда человек страдает бессонницей? Почему у Мити бессонница?

3. В какие минуты Митя может стать самим собой? Ему нравится это состояние? Почему?

4. «Созерцатель» и «бездельник» — синонимы? А «созерцатель» и «нагой и мягкий»? Почему?

5. Какие люди вам ближе — созерцатели или победители? Сегодняшнее время — время каких людей? Аргументируйте ответ.

6. Россия — страна созерцателей? Аргументируйте ответ.

7. Есть ли знаки судьбы? Кто больше верит в знаки — мужчины или женщины? Почему?

8. Сделайте предположение о том, где служил Митя.

9. Митя по-настоящему влюбился в Марину? Аргументируйте ответ.

23

Он не знал, замечала ли Марина то, что он глядит на неё, или нет. Она никак не меняла своего поведения. Её поведение не́ было свадебным товаром или рекламой, как это бывает у других девушек из провинции.

Что такое провинциальная девушка в общежитии университета?

Много всякого вкусного под кроватью, аккуратные лекции по всем предметам, «Супа хочешь? Горячий! со сметаной!». Компас показывает на ЗАГС. И комната чистая-чистая, в ней и цветы, и ковёр на стене. Марина супа не предлагала, почерк — не прочитать.

Митя наблюдал за ней. Нет, она ему не нравилась. Она была далека от идеала, который сочинил себе Митя. Даже нос был неправильный. Разве мог он в неё влюбиться? Она очень правильная. Она — человек-кодекс. Как можно полюбить кодекс? Митя ругал себя: зачем ты её ищешь глазами и наблюдаешь за ней? Но это стало уже привычкой.

Чтобы точно знать, что она ещё и зануда, он решил с ней поговорить.

Марина читала книгу, держа её одной рукой. Второй гладила свои короткие волосы — вверх-вниз, вверх-вниз. Вчера она подстриглась.

— Ты не знаешь, он автоматом экзамен ставит[1]?

— Не знаю, Митя. Говорят, в прошлом году ставил, — Марина почему-то улыбнулась. Она почти всегда улыбалась, когда он с ней начинал говорить. Это немного злило его, потому что он как будто говорил что-то смешное. Он решил не обижаться.

АРМЯНЕ ВОН ИЗ АЗЕРБАЙДЖ.

РОСТОВСКИЙ ГОСУДАРСТВЕННЫЙ УНИВЕРСИТЕТ

ХИМИЯ

— А он смо́трит на посеще́ния? Я мно́го заня́тий пропусти́л.

— Ка́жется, нет. Гла́вное, что́бы ты все рабо́ты сдал. Мне ка́жется, что не на́до волнова́ться.

— Почему́?

— Мить, у тебя́ же все рабо́ты напи́саны на «отли́чно». Кро́ме одно́й. Да?

— А? Да.

Ему́ понра́вилось говори́ть с ней. Осо́бенно понра́вилось, как она́ произно́сит его́ и́мя. Так произно́сят то́лько имена́ тех, кто нра́вится. Ма́ло кто так прия́тно произноси́л его́ и́мя. Да́же у Лю́ськи так не получа́лось.

Он не знал, о чём говори́ть да́льше, и сказа́л, что у него́ сро́чные дела́. Мари́на сно́ва улыбну́лась.

А одна́жды они́ собрали́сь у Же́нечки, кото́рая жила́ ря́дом с факульте́том. У неё собира́лись ча́сто. Собра́ли де́ньги и купи́ли вы́пивку. Вы́пивку поста́вили на стол. Включи́ли му́зыку.

Ми́тя находи́лся в тёмной спа́льне. Здесь бы́ло ти́хо и споко́йно. Через откры́тую дверь он смотре́л на Мари́ну. Она́ гла́дила кота́ и смотре́ла в окно́.

Заигра́ла ме́дленная краси́вая му́зыка. Ми́тя вы́шел из спа́льни. Мари́на поста́вила кота́ на́ пол. На её лице́ была́ улы́бка.

— Потанцу́ем! — приказа́ла она́.

Комментарий

[1] Ставить/поставить автоматом *кому? что?* (обычно: экзамен, зачёт) — ставить/поставить оценку/зачёт автоматически, без прове́рки знаний (обычно учитывается работа студента в течение семестра).

Вопросы и задания

1. Объясните выражения: «*чьё* поведение — свадебный товар», «почерк — не прочитать».

2. Что, по мнению Мити, делают провинциальные девушки для того, чтобы компас показывал молодому человеку на ЗАГС? Марина была похожа на них? Почему?

3. Что в очень правильной Марине было неправильным?
4. Как Митя понял, что Марина не зануда?
5. Почему Мите понравилось говорить с Мариной?
6. Марина улыбалась только Мите или всем? Почему?
7. Можно ли Марину отнести к тем людям, которые сами по себе? Почему?
8. Митя нравился Марине? Аргументируйте ответ.

24

Люся готовилась к экзамену по вокалу. Это был очень важный экзамен.

— Понимаешь, отсев. Отсев. Понимаешь? — повторяла она. — Зачем, а? Зачем этот отсев? Ну, скажи!.. Глупость какая-то!..

Ректор был против Люся. Он сказал ей: «Хорошего сопрано у вас никогда не будет! Это я вам говорю!»

Люся постоянно подходила к зеркалу и поправляла причёску, чтобы не было чёрных африканских кудряшек.

В день экзамена Митя пришёл к ней рано утром, потому что она просила побыть с ней. Ещё она просила пойти с ней на экзамен. Но он не мог. Мама уже знает, что он женится на Марине, и собирается в дорогу. Она спрашивает совета, что ей делать: переехать в Ростов навсегда или ещё пожить в Тбилиси. Завтра приедут родители Марины. Платье решили сшить. Нужного костюма в магазинах нет. Проблем много.

Люся рассказывала о ректоре. Митя извинился и сказал, что ему пора.

— Значит, вот какой ты друг? Да?

— Я женюсь. Не завтра, конечно. Собирался потом сказать.

У Люси как будто что-то лопнуло в лице. Руки стали мёртвыми, как руки большой куклы. Митя испугался.

— Ты, кажется, не собирался? — произнесла наконец Люся.

— Да. Всё так сразу. Всё неожиданно. Придёшь на свадьбу? Слушай, хочу, чтобы ты моим свидетелем на свадьбе была.

— Что? Как это свидетелем? Я же не парень.

— Ну и что? Я и Марине сказал. Ты же мой лучший друг!

— Ладно, Митя, беги.

— Я побегу, ладно?

— Беги, Мить.

Весь тот день, когда Люся должна была сдавать экзамен, он был с Мариной. Они закрылись в её комнате в общежитии и целовались. К вечеру он вспомнил, что надо съездить к Люсе: у неё же был экзамен.

— Совсем забыл, — сказал он Марине. — Забыл. Я должен к ней съездить.

Он ехал через весь город и думал о том, какой он благородный. Митя подошёл к Люсиному дому и услышал что-то странное. Он пошёл по коридорам. Возле одной из дверей двое курили. Один из них сказал: «Люська твоя поёт!» Митя услышал академическое сопрано: «Русская водка, что ты натворила...».

Он вошёл в комнату. Люся сидела на полу. Между ног стояла бутылка водки и банка с компотом. Селёдка и чёрный хлеб лежали на нотах.

— Всё! — сказала она. — Не сдала!..

Вопросы

1. Объясните выражения: *«у кого будто что-то лопнуло в лице»*, *«у кого руки стали мёртвыми»*.

2. Почему Люся очень волновалась перед экзаменом по вокалу?

3. О чём думал Митя, придя утром к Люсе перед её экзаменом?

4. Правильно ли сделал Митя, сказав Люсе перед экзаменом, что он женится? Почему?

5. Как Люся относилась к Мите? Аргументируйте свой ответ.

6. Люся обрадовалась предложению Мити быть свидетелем на его свадьбе? Почему?

7. Почему Люся напилась?

8. Митя поступил благородно по отношению к Люсе, поехав к ней вечером? А к Марине? Аргументируйте ответ.

25

Было три пятнадцать ночи, когда он вернулся из магазина. Люся спала. Митя лёг рядом. Он чувствовал, что начинает засыпать. Но засыпать как-то нехорошо. В конце концов он заснул.

Звонок в дверь. Звонили как на пожар. Митя резко открыл глаза. Люси не было. «Рано поехала, — вспомнил он. — У неё работа — поёт сегодня на свадьбе». Хотя он уже открывал дверь ключом, звонить продолжали.

Вошла Светлана Ивановна и строго посмотрела ему в глаза.

— Пригласи мать войти, — сказала она, проходя мимо Мити. — Какой большой живот у тебя стал!

Не снимая пальто, она прошла на кухню, открыла окно и включила газ.

— Кофе есть? — спросила она.

— Закончился.

— Не куришь? — задала она новый вопрос и выключила газ.

— Нет.

— Молодец! Мужчина. У тебя всегда был характер.

Светлана Ивановна закурила. Митя сел напротив. Некоторое время помолчали. Светлана Ивановна выкурила одну сигарету, затем вторую.

Митя подумал, что темперамент матери здесь мешал не только ей, но и другим. В Грузии он был почти нормой. Там много таких. Где можно взять — хватают, где можно похвалить — превозносят, где можно поругать — проклинают. Здесь такое поведение кажется чужим. Рядом с ней людям трудно. Время от времени кто-то есть рядом с ней, говорит ей «Светочка», поздравляет с днём рождения и ездит в гости. Она их учит готовить блюда грузинской кухни и гадать на кофе. В Ростове она уже многих людей обучила этому. В гостях Светлана Ивановна говорит: «Пусть нога моя будет счастливой в этом доме!» И тут же объясняет: «Так надо говорить, когда первый раз в гостях. Тогда всё будет хорошо!» Она берёт календарь и отмеча́ет: на э́тот пра́здник я бу́ду у тебя́, а на сле́дующий — ты у меня́. Она́ стара́ется созда́ть мир, к кото́рому она́ привы́кла, когда́ жила́ в Гру́зии.

Лю́ди ря́дом с ней здесь до́лго не остаю́тся. Их мо́жно поня́ть. Им тру́дно, потому́ что они́ зна́ют, что в любо́й моме́нт она́ мо́жет ворва́ться в их мир, в их жизнь, как э́то бы́ло там. Там все друг с дру́гом обща́ются. Там у неё телефо́нная кни́жка была́ толщино́й с «Войну́ и мир»[1]. Там мо́жно челове́ку позвони́ть в семь ве́чера и сказа́ть: «Мне гру́стно. Приезжа́й. У́жин сде́лаю». А здесь... Она́ мно́го раз говори́ла: «Ми́тя, здесь ка́ждый сам по себе́. Как им не ску́чно? Они́ года́ми не встреча́ются с ро́дственниками! Что э́то за жизнь, что́бы с ро́дственниками не встреча́ться? А?»

Ми́тя про́бовал стать ме́стным, а Светла́на Ива́новна — нет. Ка́ждую свою́ но́вую подру́гу она́ пыта́лась переде́лать, как счита́ла ну́жным. Ми́тя понима́л её. Её мать и оте́ц, Ми́тины ба́бушка и де́душка, не ста́ли ме́стными в Тбили́си. Они́ так и не смогли́ вы́учить грузи́нского языка́. Они́ всю жизнь бы́ли прие́зжими. Она́ же о́чень чи́сто говори́ла по-грузи́нски, зна́ла грузи́нскую культу́ру. Проходи́ть э́тот путь второ́й раз ей не хо́чется.

Уходя́, мать спроси́ла: «У тебя́ но́вая же́нщина?»

— А кака́я была́ «ста́рая»?

— Та, у кото́рой во́лосы с кудря́шками. А вообще́ я не зна́ю. Ты меня́ с ни́ми не знако́мишь. Та́почки же́нские под дива́ном. Ра́ньше не́ было. Та́почки как у мое́й неве́стки бы́ли.

Ми́тя зашёл в ва́нную.

— Ми́тя, а ты жени́ться не собира́ешься? Неуже́ли нет для тебя́ де́вушки? Пригласи́л бы в го́сти неве́сту. Посиде́ли бы...

Комментарий

[1] «Война́ и мир» — рома́н Л.Н. Толсто́го, состои́т из не́скольких томо́в, 1500 страни́ц.

Вопросы и задания

1. Объясните выражения: «звонили, как на пожар», «люди рядом *с кем* долго не остаются», «каждый сам по себе».

2. В чём разница между выражениями «*кто* (ед. ч.) сам по себе» и «каждый сам по себе»?

3. Докажите, используя текст, что у Мити с Люсей довольно близкие отношения, хотя они и не живут вместе. Как вы относитесь к таким отношениям? Чем они обычно заканчиваются?

4. Выразите своё отношение к тому, как общается мать со своим сыном. Её манера общения — грузинская традиция? Аргументируйте ответ.

5. Чем, по мнению Мити и его мамы, жители Ростова отличаются от жителей Тбилиси?

6. Верила ли Митина мама, что сможет создать свой мир в Ростове? А Митя? Почему? Почему Митина мама не хотела себя менять, чтобы стать «местной»?

7. Если Митина мама не может создать в Ростове привычный для себя мир, а Митя не может стать местным, значит ли это, что интеграция в иную культуру невозможна? Аргументируйте ответ.

8. Как помогает знание иностранного языка интегрироваться в культуру его носителей? Приведите примеры.

9. Должна ли мать активно интересоваться личной жизнью своего взрослого ребёнка? Аргументируйте ответ.

26

Кризис стал постепенно назревать сразу после свадьбы. Марине абсолютно не нравились диктаторские привычки свекрови.

Светлана Ивановна тоже не хотела уступать невестке. Как старшая в семье, она требовала к себе особого отношения. Свекровь взяла на себя ребёнка, приготовление еды, она же решала и то, как проводить праздники, включая и Новый год.

— Пожалуйста, мама, не командуй, — просил её Митя.

— Я не командую. Советую. Нормальные люди всегда слушают советы старших.

— Нормальные люди не советуют двадцать четыре часа в день.

— Ну, конéчно, мать у тебя́ ненормáльная. Спаси́бо, сынóк! Светлáна Ивáновна говори́ла, что бýдет молчáть и всё дéлать для тогó, чтóбы они́ её не ви́дели. Когдá Мари́на приходи́ла из лаборатóрии, онá, ничегó не говоря́, отдавáла Вáню и уходи́ла искáть рабóту.

Рабóту онá дóлго не моглá найти́. Инженéр, котóрому бóльше пяти́десяти, никомý нé был нýжен. Наконéц онá устрóилась убóрщицей в банк «Югинвéст». Рабóта вечéрняя. Её зарплáта оказáлась бóльше, чем Ми́тина стипéндия аспирáнта и Мари́нина зарплáта лаборáнтки. Крóме э́того, свекрóви плати́ли регуля́рно — кáждый мéсяц! В дóме онá стáла корми́лицей! Пóлный разры́в мéжду невéсткой и свекрóвью произошёл на прáздник.

В тот день Ми́тя с Мари́ной брáли прóбы земли́ в óчень слóжных и неприя́тных местáх. Они́ то лéзли под трубý, то рабóтали в цéнтре свинáрника. Гря́зные и устáвшие, они́ возврати́лись домóй на электри́чке, пóлной рыбакóв.

В кóмнате семéйного общежи́тия их ужé ждáли рóдственники, котóрых собралá свекрóвь (их телефóны онá узнáла и запи́сала ещё на свáдьбе). Был дáже дя́дька-алкогóлик. Он сидéл за столóм в рези́новых сапогáх и гáлстуке, отглáженном утюгóм. Стол был организóван по-кавкáзски.

На ли́цах Мари́ниных мáмы и пáпы бы́ло удивлéние. Они́ и не дýмали снóва уви́деть всех рóдственников, покá ктó-нибудь не жéнится, не роди́тся и́ли не умрёт. Они́ ти́хо игрáли с внýком, котóрый плáкал и хотéл за стол.

За столóм сидéли дóлго. Светлáна Ивáновна говори́ла тост за тóстом. Нарóд не слýшал. По дéсять раз спрáшивали, как какóе блю́до называ́ется. Мари́нины роди́тели ушли́ пéрвыми. Э́то смертéльно оби́дело Светлáну Ивáновну. Гóсти выходи́ли кури́ть в коридóр, кидáли окýрки нá пол, звáли студéнток в гóсти. Две студéнтки бы́стро согласи́лись. Пришли́, сéли за стол, сначáла есть откáзывались, потóм поéли, допи́ли винó и ушли́. С ни́ми ушли́ два брáта Мари́ны. Послéдним ушёл дя́дька-алкогóлик. Перед тем как уйти́, он пять раз вы́пил за дрýжбу нарóдов.

— Я ду́мала пра́здник вам сде́лать. Э́то же ро́дственники Мари́ны! — по́сле ухо́да госте́й ти́хо говори́ла свекро́вь, потому́ что Ва́нечка спал.

Мари́на лежа́ла лицо́м к стене́ и ти́хо крича́ла: «Но ведь э́то чужо́е! Друго́й наро́д живёт так в друго́й стране́! Понима́ешь? Друго́й наро́д! В друго́й стране́! Чужо́е всё э́то!»

— Э́то моё, Ми́тя, — отвеча́ла свекро́вь. — И когда́ э́то тебе́ чужи́м ста́ло?

Ми́тя то́же не понима́л ме́стные обы́чаи. Он не понима́л, как мо́жет быть, что́бы ря́дом не́ было двою́родных, трою́родных бра́тьев. Почему́ ря́дом нет родны́х люде́й? Без ро́дственников ты оди́н на оди́н с э́тим ми́ром. Е́сли что́-нибудь случи́тся, куда́ ты побежи́шь? Кто тебе́ помо́жет?

Ми́тя, как и мать, то́же чу́вствовал неуве́ренность в ми́ре, в кото́ром сейча́с жил. Но он, в отли́чие от неё, не стреми́лся его́ переде́лывать.

Вопросы и задания

1. Объясни́те выраже́ния: «тре́бовать осо́бого отноше́ния к *кому?*», «*кто* взял на себя́ *кого?/что?*», «по́лный разры́в *ме́жду кем и кем?*», «электри́чка по́лная *кого?*», «хоте́ть за стол», «сме́ртельно оби́деться *на кого? / на что?*», «трою́родный брат», «семе́йное общежи́тие».

2. Должна́ ли неве́стка подчиня́ться свекро́ви? Почему́? Как до́лжен вести́ себя́ мужчи́на, е́сли ме́жду ма́терью и жено́й возника́ет конфли́кт?

3. Из како́й семьи́ Мари́на? Стесня́ется ли она́ ро́дственников? Аргументи́руйте отве́т.

4. Кто прав: свекро́вь и́ли Мари́на? Почему́?

5. Обречена́ ли семья́, в кото́рой муж и жена́ — представи́тели ра́зных культу́р? ра́зных социа́льных групп? Почему́?

6. Согла́сны ли вы с тем, что «без ро́дственников ты оди́н на оди́н с э́тим ми́ром»? Аргументи́руйте отве́т.

7. Как адапти́роваться к ины́м обы́чаям и тради́циям? И на́до ли? Почему́?

27

Прошло три года жизни с Мариной. Три года в семейном общежитии.

В тот день он не узнал Марину, когда та вошла в комнату. Она стала блондинкой.

— Ура! — крикнул сын, побежав к ней.

Митя сказал: «Я не дочитал!» Ваня перестал улыбаться и вернулся на диван. Митя продолжил читать ему «Сказку о царе Салтане»[1].

Марина вернулась рано. Обычно она была на рынке до обеда. Вот уже полтора месяца в выходные она ездила туда продавать свой спортивный костюм. Митя не раз говорил ей, чтобы она перестала туда ездить и стала сама носить его. Сегодня она вернулась без костюма. Наверное, его купили.

Читая вслух сыну, Митя видел, как Марина сняла обувь и красиво и как-то интимно прошла через комнату к окну.

Митя почувствовал, что в коридоре опять закурили — в комнате появился запах. Звуки и запахи общежития как-то уж очень свободно проходили в их комнату. Казалось, что они живут в клетке. Митя решил, что сегодня не пойдёт в коридор ругаться, а спокойно дочитает сыну сказку.

Митя упорно читал Ване, хотя чувствовал, что сын не слушает. Он стал читать громче, чтобы привлечь внимание ребёнка. Митя не сомневался: сначала Пушкин[2], а потом всё остальное.

Митя читал, а Марина стояла у окна и смотрела прямо на него.

Митя не сразу заметил деньги, лежавшие на столе. Он всё читал и читал, так как не мог посмотреть ей в глаза.

...Марина пошла на рынок со своим костюмом, потому что не было денег. Стипендию Мите вовремя не давали, а ей платили только пятьдесят процентов зарплаты. Брать деньги у свекрови Марина отказывалась. Когда стало нечем кормить Ваню, Светлана Ивановна начала покупать им продукты. Митина мама

жила уже отдельно от них — во флигеле, который снимала. Большая часть её денег уходила на его оплату. На то, что оставалось, она покупала продукты для Митиной семьи. Чтобы купить им мясо, Светлана Ивановна должна была неделю есть кашу, которую ненавидела. Марина каждый раз брала продукты, не поднимая на свекровь глаза, и коротко говорила: «Спасибо, Светлана Ивановна, обязательно вернём». Взяв продукты, она шла и записывала в специальную тетрадь стоимость каждого из них. Светлана Ивановна трагически молчала...

Митя ненавидел эту новую жизнь, в которой так много надо было думать о деньгах. Думать о них, как о болезни, которую нельзя вылечить. Цвет облаков становился похож на цвет денег. Рубли. Доллары. Деньги. Бабки. Лаве. Капуста. Зелёные[3]. Казалось, деньги росли из-под ног. Росли, но их нельзя было взять. Только смотреть, как другие их умело берут.

Митя тоже попробовал себя в бизнесе. Он купил мешок какао в магазине. Там он стоил дешевле, чем на рынке. Разложив какао по пакетикам, он повёз товар на рынок. Там таких, как он, оказалось много. Принесённое для продажи лежало на газетах или на коробках. Продавали всё, от домашних тортов до старых туфель. Регулярно появлялись милиционеры. При их появлении продавцы быстро убирали свой товар и так же быстро терялись в рыночной толпе. Как только те уходили, все тут же возвращались на свои места. Ещё приходили рэкетиры. Эти требовали заплатить за место.

Митя продал всё какао за три часа. Он чувствовал себя гладиатором, победившим всех. Когда он уже собирался домой, к нему подошли милиционеры. Они забрали все его деньги, оставив только мелочь на автобус.

Митя ещё несколько раз ходил на рынок, чтобы что-то продать. Он стоял там и думал: «Разве к этому я себя готовил? Разве кто-то предупреждал, что так будет?» До этого он чувствовал себя теннисистом, готовым играть не на жизнь, а на смерть, чтобы выиграть Большой шлем[4]. И вот он вышел и увидел, что оказался на баскетбольном поле среди двухметровых чёрных ребят...

Мари́на, сто́я у окна́, продолжа́ла смотре́ть на него́. Ему́ то́же хоте́лось посмотре́ть на неё, но он всё чита́л сы́ну ска́зку. На столе́ лежа́ли де́ньги, кото́рые он до́лжен бу́дет отвезти́ ма́тери — верну́ть долги́. Ва́ня то́же заме́тил де́ньги и уже́, наве́рное, на́чал мечта́ть о пра́зднике и о ци́рке.

Комментарий

[1] «Сказка о царе Салтане» — поэтическое произведение А.С. Пушкина (полное название «Сказка о царе Салтане, о сыне его славном и могучем богатыре князе Гвидоне Салтановиче и о прекрасной царевне Лебеди»), созданное в 1831 г.

[2] Пушкин — Пушкин Александр Сергеевич (26.5(6.6).1799 — 29.1(10.2).1837, Петербург), русский писатель, основатель новой русской литературы.

[3] Бабки, лаве, капуста, зелёные — (разг.) названия денег; зелёные — о долларах.

[4] Большой шлем (англ. Grand Slam tournaments), выиграть Большой шлем — победить в течение одного сезона в четырёх турнирах по теннису. Эта победа является высшей целью теннисистов.

Вопросы и задания

1. Объясните выражения: «жить в клетке», «трагически молчать», «теряться/потеряться в рыночной толпе», «чувствовать себя гладиатором, победившим всех», «играть не на жизнь, а на смерть».

2. Трудно ли жить в семейном общежитии? Почему?

3. Каково было материальное положение семьи в середине 90-ых гг. XX века? Выразите своё отношение к тому, что Митя и Марина принимали помощь Светланы Ивановны. Что бы вы сделали на месте: а) Мити; б) Марины?

4. Когда женщина, ничего не сказав мужу, перекрашивает волосы? Это хороший знак для него? Аргументируйте ответ.

5. Оцените действия Мити после того, как Марина вернулась, продав свой костюм.

6. Митя чувствовал себя обманутым? Почему? Вы сочувствуете Мите? Почему?

28

Марина запрещала себе думать о нём, но это у неё плохо получалось.

Подъехал грязный автобус. Толпа с рынка двинулась в него.

— Господа! — кричал какой-то старик. — Господа! Не толкайтесь!

— Господа тут не ездют[1]! — отвечал кто-то ему.

Марину грубо втолкнули в автобус. Слёзы были близко. Она осмотрелась. Одинаковые злые лица. Кричащая толпа. Марина захотела выйти из этой толпы и уйти. Пусть ездят без неё в этих автобусах, если нравится. Если бы она умела ругаться, хотя бы тихо, тогда ей было бы легче. Если бы она могла толкнуть кого-нибудь...

Марина знала, что внутри неё живёт монашка, которая постоянно следит за её, Марининым, мыслями и действиями. Эта монашка появилась ещё в школе, после восьмого класса. Тогда в школе был маскарад. Марина была Констанцией[2]. Она немного боялась быть ею, потому что Констанцию убила блондинка. Марина боялась блондинок. Однажды они шли с мамой по улице и увидели такую блондинку. Мама подошла к ней и сильно ударила по лицу. Ничего не сказав, блондинка пошла дальше, а мама сказала Марине: «Никогда не спрашивай меня об этом!» Она не спрашивала, но блондинок стала бояться. Тогда ей было девять лет.

Вскоре Марина поняла, что становится красивой девушкой и что мальчишки чаще, чем на других, смотрят на неё. Она всё делала для того, чтобы её красота была не видна. Кроме этого, мама часто говорила ей: «Не верти хвостом!»

...Музыка на маскараде становилась всё громче, а света становилось всё меньше. Когда ушли родители, учителя и директор, начались медленные танцы. Подошёл одноклассник Володя Волков и пригласил танцевать.

Красивая музыка, красивый Володя Волков, красивая она... Телу стало сладко. Она вдруг поняла, что быть красивой — не плохо, а очень даже хорошо. Марина всё ближе и ближе

73

приближáлась в тáнце к Волóде. «Я хотéла бы, чтóбы он меня́ поцеловáл», — подýмала онá. Егó лицó бы́ло ужé совсéм бли́зко... В э́тот момéнт чтó-то случи́лось, и онá уви́дела холóдные глазá монáшки. Монáшка смотрéла не неё так, как бýдто Мари́на тóлько что всем рассказáла то, о чём сейчáс подýмала. Чéрез секýнду монáшка стáла её мáтерью. Мари́на ругáла себя́: «Как ты моглá подýмать такóе!» Пóсле тогó как они́ закóнчили танцевáть, онá ушлá в туалéт. Ей казáлось, что тóлько здесь мéсто такóй плохóй, как онá.

Комментарий

[1] Ездют — неправильная форма III лица мн. ч. от ездить, здесь: стилизация речи малокультурного человека.

[2] Констанция — героиня романа Александра Дюма-отца «Три мушкетёра» (фр. «Les trois mousquetaires», 1844), романтическая возлюбленная.

Вопросы и задания

1. Объясните выражения: «слёзы были близко», «*в ком* живёт монашка», «вертеть хвостом *перед кем?*», «медленный танец», «телу стало сладко».

2. О ком, по-вашему, запрещала себе думать Марина? Аргументируйте ответ.

3. Одинаково ли Митя и Марина воспринимали окружающую действительность? Можно ли назвать их родными душами? Аргументируйте ответ.

4. Выразите своё отношение к Марининой матери. Правильно ли её мать воспитывала в ней будущую женщину? Почему?

5. Можно ли назвать Марину свободной личностью? Почему?

29

...Марина мно́го дней провела́ на ры́нке, продава́я спор-
ти́вный костю́м. Вокру́г неё всегда́ была́ толпа́, к кото́рой она́
ника́к не могла́ привы́кнуть. Э́то бы́ло похо́же на мирову́ю
катастро́фу. Ра́ньше она́ не замеча́ла всего́ э́того. До Разва́ла[1]
она́ то́же подо́лгу ждала́ авто́бус, а пото́м е́хала в нём в толпе́.
Бы́ли, коне́чно, и о́череди, в кото́рых руга́лись и драли́сь. Но
в о́череди мо́жно бы́ло не станови́ться. Тепе́рь же толпа́ была́
всю́ду. Быть и́ли не быть в толпе́ — уже́ не́ было вопро́сом
вы́бора. С э́того моме́нта Мари́на поняла́, что в стране́ действи́-
тельно произошло́ что́-то большо́е и опа́сное.

Поня́в э́то, Мари́на начала́ рассма́тривать окружа́ющих.
На всех ли́цах, да́же в университе́те, она́ заме́тила одну́ о́бщую
черту́ — пани́ческий аза́рт. У всех тепе́рь бы́ли дела́, все торопи́-
лись, все куда́-то опа́здывали. Они́ бы́ли похо́жи на ста́ю, кото́-
рая собира́ется в тяжёлый опа́сный путь, хо́чет получи́ть лу́чшее
ме́сто, но при э́том зна́ет, что э́то ей не уда́стся. Они́ стро́ят
пла́ны, говоря́т о счастли́вом за́втра, но при э́том поня́тно, что
у таки́х люде́й не мо́жет быть счастли́вого за́втра. Вско́ре она́
переста́ла их рассма́тривать.

Мари́на поняла́, что ну́жно спаса́ться, но как спаса́ться, она́
не могла́ поня́ть. Како́е-то вре́мя она́ ждала́, что Ми́тя ска́жет.
Но Ми́тя ниче́м не отлича́лся от э́той толпы́, хотя́ и встал в
пози́цию патри́ция в опа́ле. Мари́на поняла́, что она́ сама́
должна́ найти́ вы́ход.

Мари́на е́хала в авто́бусе, где кто́-то входи́л, выходи́л,
руга́лся. За окно́м у́лицы, дома́, дере́вья... Перед глаза́ми сно́ва
вста́ло его́ лицо́. «Не смей! Не ду́май о медве́де!» Он сказа́л, что
его́ фами́лия в перево́де звуча́ла бы, наве́рное, как Медве́дев,
Медве́дь. Мари́на тогда́ поду́мала об э́том норве́жце: «Медве́дь,
зна́чит? Не ду́мать о медве́де!»

Она́ ста́ла ду́мать о том, как потра́тит де́ньги, полу́ченные
за костю́м. Мы́сли о медве́де ушли́. Ку́пит что́-то на ры́нке Ва́не
из оде́жды и о́буви. Мари́на уже́ уста́ла ремонти́ровать оде́жду
сы́на. Ми́тя сказа́л, что в э́том ме́сяце стипе́ндия бу́дет по́зже.

Это значит, что её будут выплачивать частями и долго, в течение нескольких месяцев. Таким образом, половину стипендии съест инфляция. Надо будет снова брать продукты, принесённые свекровью. Брать, а потом возвращать ей за это деньги. Марина не знает, откуда она возьмёт эти деньги. Но быть должной она не должна. Она не хочет быть должна женщине, которую не понимает, которая для неё чужая.

Митя говорил ей, что он чувствует себя чужим в России. Говорил, что он другой, «не российский русский». Она слушала его и думала, что он играет с самим собой в какую-то странную игру. Она решила: пусть играет, наверное, это ему нужно. Но потом Светлана Ивановна переехала к ним, и они стали жить вместе. Очень скоро Марина поняла, что всё, о чём говорил Митя, — правда. Рядом с матерью он быстро стал непонятным, далёким иностранцем, который приехал сюда на какое-то время. Он ничего не мог понять до конца. У него ни с чем не было связей. Казалось, он завтра уедет.

То, что происходило вокруг, он отрицал больше, чем она. Его интересовали только книги. Он всё время читал. Читает, например, Бунина[2] и говорит счастливым голосом: «Вот, вот оно, русское». Все вокруг искали работу, искали деньги. Митя же продолжал рассказывать о значении его образования и о том, как всё больше и больше нужны экологи. Правда, он пытался иногда что-то сделать, но делал только один шаг. Чтобы доказать ему и себе, что результат возможен, она и стояла на этом рынке...

Комментарий

[1] Развал — здесь: 1) о распаде СССР, т. е. о прекращении существования СССР (26 декабря 1991 г.); 2) о разрушении основ политической, экономической и социальной системы страны.

[2] Бунин — Иван Алексеевич Бунин (10 (22) октября 1870, Воронеж — 8 ноября 1953, Париж) — русский писатель, поэт, почётный академик Петербургской академии наук (1909), лауреат Нобелевской премии по литературе 1933 г.

Вопросы и задания

1. Объясните выражения: «мировая катастрофа», «панический азарт», «половину стипендии съест инфляция», «не российский русский», «делать только один шаг».

2. Чем отличалась для Марины толпа после Развала от толпы до Развала? Как вы чувствуете себя в толпе? Похожа ли толпа на мировую катастрофу? Аргументируйте ответ.

3. Отличаются ли лица деловых людей от лиц созерцателей? Чем?

4. По наблюдениям Марины, люди объединялись в стаю, чтобы получить место под солнцем. Почему никто не действовал в одиночку?

5. Почему Митя не сказал Марине, как им надо спасаться?

6. Почему Митя становился для Марины всё более и более чужим? Если бы не социально-политические изменения в стране, то Марина была бы с Митей счастлива? Аргументируйте свой ответ.

7. Что искал Митя в книгах, в то время как другие искали работу и деньги? Как это его характеризует?

30

Спортивный костюм у Марины купила тётка, которая продавала купальники. Марина думала продать его за семьсот тысяч[1], но та сказала, что возьмёт за полмиллиона. Тётка торговалась долго, забыв про свои купальники. В конце концов Марина продала костюм за шестьсот тысяч. Как только Марина убрала деньги, тётка энергично предложила ей:

— Купи у меня купальник! Сделаю хорошую скидку! Купи! Через год купальники сильно подорожают! Никаких денег у тебя на них не хватит!

Марина этого не ждала. Она посмотрела на купальники. И снова подумала о запретном: как бы он смотрел на неё в этом купальнике, как улыбался бы, как они выглядели бы вместе, как кто-нибудь говорил бы: «Какая красивая пара». Ещё она подумала, что никогда с таким сладким чувством не представляла себя рядом с Митей. Марина взяла себя в руки, резко попрощалась и пошла к автобусной остановке.

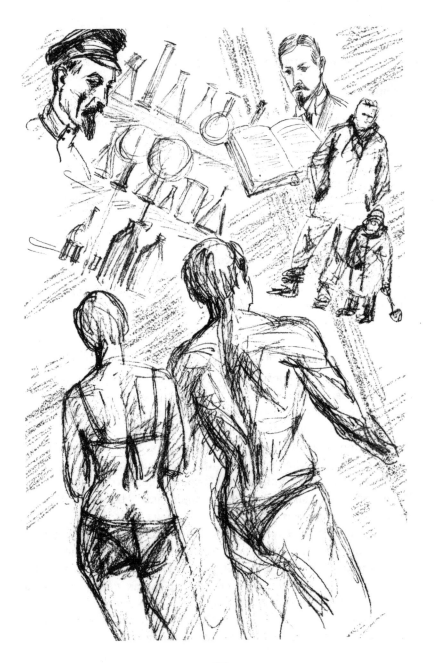

Не дойдя до остановки, она зашла в парикмахерскую.

— Я бы подстриглась покороче, — сказала Марина мастеру и добавила: — И покрасила волосы.

— В какой цвет?

— Блондинкой, — ответила она и подумала: «Интересно, что он скажет?»

Она снова запретила себе о нём думать. Она решила подумать о Мите. Марина подумала о том, что Митю она выбирала с холодной, как у Дзержинского², головой. Конечно, она что-то чувствовала в душе. Где сейчас эти чувства? Митя, Ваня, Ваня, Митя, дом? Но почему, когда он появился, она как будто даже забыла, что у неё есть сын? Когда она думает о нём, то понимает, что хочет быть с ним. А его улыбка... Улыбка Кристофера имеет над ней власть. Такие зубы, как у него, она видела только в кино. Она уже поняла: с такими зубами человек выглядит надёжным и честным.

Теперь она приходит на факультет за полчаса до работы и просто ходит по лаборатории, делая что-то. Вообще она заметила, что работа помогает ей забыться. Платят на факультете нерегулярно и мало. Несмотря на это, каждое утро все приходят на работу. Приходят и чего-то ждут. Более того, с огнём в глазах люди рассказывают о том, что надо сделать, чтобы стать богатым. В отличие от них, Кристоф просто делает свои дела.

Он уедет через месяц. Он уедет, а она останется среди этих людей и старой мебели. Это и будет её жизнь. А ведь когда-то, когда она только пришла сюда, у неё были мечты и огромнейшие планы...

Она окончила школу с золотой медалью. Она училась в университете на повышенную стипендию. Она мечтала. Вот она известный учёный и руководитель института. Вот она молодая мама под руку с взрослым красивым сыном. Победы, победы, победы... Главным словом она выбрала слово «успех». Успешный учёный. Успешный политик. Успешный бизнесмен. Успешная компания. Успешный мужчина. Успешная семья. Реже, но с большим шиком: успешная женщина. Одно было неясно: как должен выглядеть её успех. Но она была готова к Великой Битве.

Молодо́й норве́жский профе́ссор уже́ со́рок во́семь раз приглаша́л её в рестора́н. Она́ благодари́ла и отка́зывалась. Отка́зы удивля́ли его́ и обижа́ли. Мари́на зна́ла, что он да́же предположи́ть не мог, что ей про́сто не́ в чем пойти́ в рестора́н.

В тот же день, когда́ муж и сын ушли́ игра́ть в футбо́л, Мари́на реши́ла сбе́гать на факульте́т. Она́ зна́ла, что Кри́стоф там.

Вы́йдя на у́лицу, она́ почу́вствовала себя́ сно́ва студе́нткой второ́го ку́рса — лёгкой и гото́вой к сча́стью. Тогда́ она́ то́же ко́ротко подстри́глась.

Вот лаборато́рия. Она́ откры́ла дверь... Ей ну́жно бы́ло не́сколько секу́нд. Кри́стоф молча́л и смотре́л на неё. Она́ была́ ему́ за э́то благода́рна. Кри́стофер Медве́дев. Краси́вый и тала́нтливый мужчи́на. Молодо́й краси́вый профе́ссор, свобо́дный челове́к. Её мужчи́на. Он бо́льше не́ был для неё иностра́нцем. Ей бо́льше не на́до пря́тать свою́ красоту́. Они́ смотре́ли друг на дру́га и молча́ли. Мари́на вдруг поняла́: она́ до́лго блужда́ла, а тепе́рь она́ со свои́ми, и здесь её ме́сто.

Через ме́сяц они́ уе́хали.

Комментарий

[1] Семьсот тысяч рублей — цены середины 90-ых гг. XX века.

[2] Дзержинский — Феликс Эдмундович Дзержинский (30 августа (11 сентября) 1877 года — 20 июля 1926 года) — революционер, советский государственный деятель, основатель ВЧК (позже: ГПУ НКВД, КГБ, ФСБ — см. выше комментарий о КГБ). Формула Дзержинского: «Чекист должен иметь холодный ум, горячее сердце и чистые руки».

Вопросы и задания

1. Объясните выражения: «взять себя в руки», «представлять с наслаждением *кого? что?*», «сладкое чувство», «холодная голова», «чувствовать в душе *что*», «рассказывать с огнём в глазах», «просто делать свои дела», «окончить школу с золотой медалью», «повышенная стипендия», «идти под руку *с кем?*».

2. О чём мечтала Марина? Выразите своё отношение к тому, о чём мечтала Митина жена.

3. О ком и о чём Марина запрещала себе думать? Почему?
4. Какой представлялась Марине жизнь без Кристофера?
5. Почему Марина стала блондинкой, хотя с детства их боялась?
6. Марина действительно полюбила Кристофера или ей хотелось убежать от российской реальности, от Мити, от бытовых проблем? Аргументируйте свой ответ.
7. Выразите своё отношение к тому, что Марина, оставив сына, мужа, родителей, друзей и работу, через месяц уехала с Кристофером.

31

...В «Интурист» Митя не пошёл. Он позвонил Олегу и сказал, что у него срочные дела. Идея обратиться к бывшему однокурснику казалась ему теперь невозможной. Следовало выйти из своего мирка, говорить с Олегом о прошлом, рассказать, что он работает охранником. Причём рассказывать об этом как о мечте каждого тридцатитрёхлетнего мужчины.

Мите было легче пойти к Сергею Фёдоровичу. Пять минут унижения, но зато никаких бесед о прошлом. После инспектора ПВС по гражданству — бывшей двоечницы в вечернем макияже, — бросившей Мите через стол его паспорт, он теперь может идти к любому Сергею Фёдоровичу.

Митя приехал в ПВС, где Сергей Фёдорович был начальником. К нему стояла очень длинная усталая и злая очередь. «Интересно, — подумал Митя, — сколько среди них неграждан?» Ему предстояло сделать то, что он сам делал очень редко и ненавидел, когда это делали другие. Он надел на себя физиономию бульдога и встал возле кабинета. Когда дверь открылась, он вошёл первым со словами: «Я от Валентины Николаевны, она вам звонила».

Он сразу определил, что настроение у Сергея Фёдоровича было хуже, чем у тех, кто стоял в коридоре.

Сразу за Митей вошла сотрудница. Положив какие-то бумаги ему на стол, она сказала: «Вот. Коля просил. Надо этому товарищу всё быстро сделать. Куда-то за границу едет».

Серге́й Фёдорович взял бума́ги и внима́тельно посмотре́л их. Его́ лицо́ ста́ло ещё бо́лее недово́льным, и он произнёс: «Ещё чего́ не хвата́ло!»

— Так Ко́ля проси́л.

— Ну и что? Э́тот козёл был у меня́! Угрожа́л, крича́л, руга́лся, назва́л фаши́стом! И я ему́ бы́стро докуме́нты бу́ду де́лать? Ко́ля, зна́чит, проси́л?

— Но я же не зна́ла...

— Крича́л так, что милиционе́ров пришло́сь вы́звать. Слу́шай, сде́лай так, что́бы он па́спорт получи́л в сле́дующем году́. Весно́й! С пти́цами в свою́ заграни́цу полети́т! А лу́чше, чтоб оши́бка в па́спорте была́. Ты меня́ поняла́?

— Поняла́! Сде́лаем! Я не зна́ла! А Ко́ле скажу́, что́бы не лез в э́то де́ло.

Же́нщина ло́вко взяла́ бума́ги и бы́стро вы́шла.

Вопросы

1. Объясните выражения: «выходить/выйти из своего мирка», «надевать/надеть на себя физиономию бульдога», «я от *кого*», «Ещё чего не хватало!», «Сделаем!».

2. Почему Мите было удобнее обратиться к племяннику маминой подруги, чем к однокурснику?

3. Как Мите удалось попасть в кабинет первым, минуя очень длинную усталую и злую очередь?

4. Почему у начальника было плохое настроение? Надо ли обращать внимание на настроение начальника? Почему?

5. Почему сотрудница ПВС стала открыто говорить при Мите о том, что кому-то надо быстро сделать загранпаспорт?

6. Как отомстил Сергей Фёдорович тому, кто требовал сделать быстро ему паспорт? Коля — начальник Сергея Фёдоровича? Аргументируйте ответ.

32

Митя остался в кабинете один на один с начальником.

Глядя на закрытую дверь, Сергей Фёдорович сказал: «Паспорт давай».

Митя отдал ему паспорт. Сергей Фёдорович сделал знак рукой: «Садись!» Митя сел на стул. Сергей Фёдорович начал звонить по телефону.

— Николай Николаевич, — сказал он в трубку уже совершенно другим голосом, — Сергей Фёдорович беспокоит. Как я рад, что ты здоров и весел! В последний раз в больнице... Ну, мы-то тут всё работаем, работаем. Работы много. Да... Дом с бассейном не строим... Когда в гости пригласишь? Ну, я к тебе первым приеду! Договорились!.. Слушай, тут одно дело есть. Есть у меня человек один... — он посмотрел в паспорт Мити. — Вакула Дмитрий Николаевич... Да, наш человек... — тут он впервые поднял глаза на Митю, как будто бы проверяя. — Небольшая проблема тут у него с гражданством. Да... Так что, пусть подходит?.. Ну, давай, давай расскажи...

Дальше Митя слушать не стал, потому что наступал важный момент. Мама сказала: «Отблагодари, когда всё будет сделано». Митя сомневался, не зная, сейчас это сделать или после того, как всё будет сделано.

В Грузии благодарили после того, как дело было сделано. В Грузии не каждому надо было давать деньги. Если один передавал твоё дело другому, то денег никогда не брал. В благодарность тебе надо было организовать хороший стол и пригласить его к себе в гости.

В России всё иначе. Чем ближе знакомство, тем оно дороже стоит. Со своего берут три цены. Митя сначала не понимал, как можно своим платить. Потом как-то освоил новые правила.

Сергей Фёдорович отдал ему паспорт и сказал:

— Иди к нему сегодня. Успеешь.

Митя взял паспорт. Не думал он, что будет стоять красным, и у него не сразу получится положить паспорт в карман. Наконец, он положил паспорт, быстро сказал «спасибо-до-свидания»

и вы́шел в коридо́р. Ему́ показа́лось, что он то́лько что вы́шел из ду́ша.

На у́лице Ми́тя закури́л. «Съев» сигаре́ту за не́сколько затя́жек, он напра́вился в рестора́н «Аппара́т», где пе́ла Лю́ся. В свою́ ПВС с приве́том от Серге́я Фёдоровича он реши́л сего́дня не идти́.

Вопросы

1. Объясни́те выраже́ния: «оди́н на оди́н *с кем?* / *с чем?*», «де́ло одно́ есть», «наш челове́к», «брать/взять со своего́ три цены́», «стоя́ть кра́сным», «кто как бу́дто вы́шел из ду́ша», «"съесть" сигаре́ту в не́сколько затя́жек», «прийти́ *куда* с приве́том *от кого́?*».
2. Почему́ Серге́й Фёдорович обраща́лся к Ми́те на «ты»?
3. Как постро́ил Серге́й Фёдорович свой разгово́р с други́м нача́льником? Нача́льник, с кото́рым он разгова́ривал, занима́ет бо́лее высо́кое положе́ние? Аргументи́руйте отве́т.
4. Как благодаря́т за услу́гу в Гру́зии? В Росси́и? А в ва́шей стране́?
5. Почему́ Ми́тя реши́л пойти́ в «Аппара́т», а не к нача́льнику свое́й ПВС?

33

Весь вчера́шний ве́чер Ми́тя провёл в «Аппара́те», а сего́дня — рабо́та.

Ти́хо. На у́лице — со́лнце и снег. Ми́тя с охра́нником То́ликом стои́т у двере́й ба́нка. Пока́ То́лик что́-то расска́зывает, Ми́тя смо́трит, как по у́лице идёт же́нщина с коля́ской. Про́сто же́нщина с коля́ской. Её лица́ не ви́дно. Абстра́ктная же́нщина. Она́ могла́ быть любо́й: худо́й и́ли по́лной, краси́вой и́ли не о́чень. Она́ могла́ быть ко́шкой и́ли ти́гром. Она́ могла́ быть кем хо́чешь. Фантази́руй, е́сли мо́жешь. Она́ могла́ быть и Мари́ной.

Ми́тя хорошо́ по́мнил, как Мари́на гуля́ла с Ва́нечкой. Он предста́вил, что э́та же́нщина — она́ с коля́ской. Ждёт его́. Он мо́жет её позва́ть: «Мари́на! Я сейча́с!» Он да́же по́днял ру́ку. То́лик с удивле́нием посмотре́л на него́, и Ми́тя сде́лал вид, бу́дто почеса́л го́лову.

— Ла́дно, пойду́ в магази́н схожу́, — сказа́л охра́нник.

«Дава́й. А я к свои́м схожу́», — бу́дто бы сказа́л Ми́тя и сде́лал не́сколько шаго́в. Да́льше продолжа́ть игру́ не сто́ило. Хва́тит.

...Э́та игра́ начала́сь случа́йно. Давно́ уже́. До того́, как в его́ жизнь верну́лась Лю́ська. Ми́тя опя́ть поменя́л кварти́ру. Но́вая хозя́йка неожи́данно появи́лась в кварти́ре — прове́рить, всё ли в поря́дке. В ва́нной она́ уви́дела пла́тье Мари́ны (вода́ попа́ла на су́мку, в кото́рой Ми́тя храни́л её ве́щи).

— Чьё? — спроси́ла хозя́йка.

— Жены́, — сказа́л Ми́тя пра́вду.

Хозя́йка до́лго смотре́ла на него́, а пото́м произнесла́:

— Ка́жется, ты говори́л, что оди́н живёшь? Я же спра́шивала. Ты сказа́л, что оди́н, не жена́тый. Я же из-за э́того тебе́ сдава́ть кварти́ру не хоте́ла.

— Да жена́тый, жена́тый.

— А врал заче́м?

— Врал? Поссо́рились. Разводи́ться ду́мали.

— Переду́мали?

— Переду́мали.

— Па́спорт покажи́.

Ми́тя показа́л ей па́спорт, поду́мав, что в ней есть что́-то из три́дцать седьмо́го[1].

— И ребёнок есть? Как же вы тут жить бу́дете? Я б и не сдала́, е́сли б зна́ла.

— Он не здесь. Сын за грани́цей. У́чится там. За грани́цей у́чится. Мы вдвоём с жено́й.

Хозя́йка удиви́лась и ста́ла прия́тной, как буке́т ла́ндышей.

— Жену́ Мари́ной, зна́чит, зову́т? И где ж она́?

— На рабо́те. Она́ в университе́те на ка́федре рабо́тает. У них сейча́с рабо́ты мно́го. Отчёт сдаю́т.

— Врать нехорошо́! Разводи́ться ду́мал! Стра́нный... — сказа́ла она́ уходя́.

По́сле её ухо́да Ми́тя разорва́л пла́тье, вы́бросил его́ в му́сорное ведро́ и напи́лся.

87

Хозяйка приходи́ла по понеде́льникам и ка́ждый раз спра́-
шивала: «Когда́ же жена́ быва́ет до́ма?» Э́тот интере́с был Ми́те
неприя́тен. Но Ми́тя уже́ был в игре́. Снача́ла э́то бы́ло тру́дно,
зате́м он ка́к-то успоко́ился и наконе́ц почу́вствовал аза́рт.

Хозя́йку всё бо́льше и бо́льше интересова́ла Ми́тина жена́.
Она́ начала́ следи́ть за ним. У неё э́то хорошо́ получа́лось. Не
случа́йно её сын был мент[2].

Ка́к-то она́ закрича́ла на весь двор, что́бы услы́шали все со-
се́ди и сын:

— Манья́к! То́чно манья́к!

— Ма́ма, иди́те в дом. Сейча́с мы им займёмся, — была́ ей
кома́нда.

Комментарий

[1] Тридцать седьмой — здесь: о 1937 г., когда начался «большой
террор» — серия репрессий и политических преследований в СССР.

[2] Мент — (разг.) милиционер.

Вопросы

1. Объясните выражения: «она могла быть кошкой или ти-
гром», «делать/сделать вид, что...».

2. Почему хозяйка квартиры, которую снимал Митя, неожиданно пришла к нему? Зачем она стала регулярно приходить к
нему? Выразите своё отношение к приходам хозяйки и к интересу,
проявляемому ей.

3. В какую игру втянулся Митя? Как это получилось? Выразите своё отношение к Митиной игре.

4. Почему сын хозяйки обращается к матери на «вы»? Почему
он говорит «Сейчас мы им займёмся», а не «Сейчас я им займусь»?

34

В милицейской машине сын хозяйки ехал рядом с Митей. От него пахло семечками, шелуху от которых он сплёвывал на Митины колени.

Дежурный милиционер взял Митин паспорт. Он стал листать его так, словно хотел порвать. Листая, он всё спрашивал и спрашивал:

— Чего-чего?! Где твоя жена? Марина Анатольевна? До брака носила фамилию Вакула? Как? Володина? Убил? Разрезал на куски? Где спрятал? Говори!

Митя краснел, кашлял.

— Чего-чего? Не слышу! Громче!

Митя рассказал всё. Правду. Вопросы дежурного заставили рассказать всю правду с подробностями. Эти подробности ничего не давали. Митя, рассказывая их, чувствовал себя голым.

— И с ним уехала? В каком году? Значит, бросила тебя? А ребёнка как вывезла?.. Громче!

— Просила увидеть сына. Хотела ему Москву показать. Отвёз ей сына.

— Сам отвёз?

— Сам.

— Ну, а из Москвы как его вывезла? Она же уже иностранка была?

— У ваших московских коллег надо спросить.

Из-за этой фразы он всю ночь провёл в отделении милиции. С ним всю ночь просидел и пенсионер, которого били в коридоре за то, что был пьян.

Этой ночью Митя навсегда возненавидел правду. Что даёт эта правда? Это как снять с жизни красивую кожу и положить перед всеми безвкусный и бледный плод. Положить и сказать: «Берите, граждане, пробуйте!» Правда всегда одна для всех. Она одна для умного и дурака. Её любят площади и аудитории. Она как проститутка, которая сделала карьеру революционерки. Правда? Только немного. Как лекарство.

Вопросы и задания

1. Объясните выражения: «дежурный милиционер», «чувствовать себя голым», «отделение милиции», «снять с *чьей* жизни красивую кожу».
2. Выразите своё отношение: 1) к милиционеру — сыну Митиной хозяйки; 2) к дежурному милиционеру.
3. Надо ли было рассказывать дежурному милиционеру правду? А подробности? Почему?
4. Почему дежурный милиционер сказал, что Марина уже стала иностранкой?
5. Что даёт правда? Выразите своё отношение к мыслям Мити о правде.

35

Нездоро́вая игра́, что Мари́на никуда́ не уе́хала, увлекла́ его́. Рома́н с фанто́мом сде́лал его́ жизнь жи́знью. Он стели́л посте́ль для двои́х. Он наде́л обруча́льное кольцо́. Он стал бри́ться ка́ждый день. Восьмо́го ма́рта он пошёл в дорого́й магази́н и до́лго выбира́л туале́тную во́ду. Неизве́стно, как бы всё э́то бы́ло да́льше, но он неожи́данно встре́тил в теа́тре Лю́сю.

— Ми́тенька!

— Лю́ська! А я ходи́л к тебе́. Твоя́ ма́ма сказа́ла, что ты перее́хала.

— Она́ ещё жива́? Да, перее́хала. Давно́ уже́.

— Кака́я ты!.. Ух ты, кака́я ты! Как я рад тебя́ ви́деть!

— А ты почему́ без Мари́ны?

Он не отве́тил ничего́. Бы́стро сде́лал неопределённое лицо́ и стал говори́ть на другу́ю те́му.

К Лю́се Ми́тя переста́л приходи́ть сра́зу по́сле сва́дьбы. Лю́ся на сва́дьбе была́, но не дружко́м. Колле́ги сказа́ли, что тако́й дружо́к — никому́ не ну́жный маскара́д. По́сле сва́дьбы дру́жба зако́нчилась ка́к-то сама́ собо́й.

Пото́м, как у мно́гих, начала́сь нищета́. Обща́ться не хоте́лось. Роди́лся Ва́нечка. Де́нег не́ было. Ми́тя вспо́мнил про Лю́сю по́сле того́, как Ва́ня уе́хал к ма́тери в О́сло. Просну́лся однажды у́тром и, не поза́втракав, пое́хал к ней. Торопи́лся, как бу́дто куда́-то опа́здывал. Но она́ уже́ не жила́ на Филимо́новской. Её ве́чно пья́ная мать ничего́ о ней не зна́ла. И он не знал, где её иска́ть.

— Как я рад, Лю́сечка, на́шей встре́че!

В теа́тр она́, как и Ми́тя, пришла́ одна́. Э́то де́лало их бли́же. Он вдруг почу́вствовал, что хо́чет ей всё-всё рассказа́ть. Рассказа́ть всё. Всю жизнь.

— Я ду́мал, что то́лько я оди́н в теа́тр хожу́.

— А я ду́мала, что я.

Он ничего́ ей не рассказа́л. Наве́рно, потому́, что она́ бо́льше ничего́ не спра́шивала. Весь тот ве́чер они́ говори́ли о како́й-то ерунде́.

По́зже у него́ бо́льше не возника́ло жела́ния рассказа́ть Лю́се обо всём. Ему́ ста́ло жаль разруша́ть фа́та-морга́ну[1], кото́рую он постро́ил на го́лом ме́сте, в пустоте́. И заче́м расска́зывать? Ра́ди пра́вды?

Ми́тя сказа́л Лю́се, что Мари́на в командиро́вке.

Комментарий

[1] Фата-моргана — сложная и редкая форма миража, при которой на горизонте появляются сложные и быстро меняющиеся изображения предметов, находящихся за горизонтом.

Вопросы и задания

1. Как вы понимаете выражения: «нездоровая игра», «что сделало его жизнь жизнью», «обручальное кольцо», «туалетная вода», «Ух ты, какая ты!», «что никому не нужный маскарад», «что закончилось само собой», «что построить на голом месте, в пустоте»?

2. Мог ли Митя, если бы очень хотел, найти Люсю? Как?

3. Когда фантом делает жизнь жизнью — это болезнь? Согласитесь или опровергните.

4. Кто и почему ходит в одиночку в театр?

5. Правильно ли Митя сделал, что не рассказал Люсе о своей жизни? Почему?

36

Вско́ре по́сле э́той встре́чи они́ ста́ли любо́вниками. К э́тому вре́мени для Ми́ти его́ мира́ж стал реа́льностью. Поэ́тому ему́ несло́жно бы́ло убеди́ть Лю́сю, что она́ любо́вница и что мо́жет неожи́данно прийти́ Мари́на. Ве́щи Мари́ны переезжа́ли с кварти́ры на кварти́ру и находи́ли своё ме́сто в шкафа́х. Её ста́рые та́почки стоя́ли при вхо́де. В ва́нной — зубна́я щётка и космети́чка. Мари́на здесь. Она́ то́лько что вы́шла и́ли за́втра приезжа́ет.

— Чем так па́хнет? — спра́шивала Лю́ся.

— Мари́на у́тром пригото́вила мя́со. Бу́дешь?

Не́сколько следо́в тут и там. Па́ра исто́рий. Фанто́м пове́сил ю́бку на стул, бро́сил на ку́хне пома́ду, забы́л в ва́нной колго́тки. Не всё, коне́чно, бы́ло гла́дко. Оде́жда, наприме́р.

— Слу́шай, она́ у тебя́, как фанто́м.

— Не по́нял...

— Как тебе́ сказа́ть? Вот зи́мние ве́щи её где, наприме́р?

— Зи́мнее она́ к ма́ме всё вре́мя отво́зит. Я ей говорю́: заче́м опя́ть отвози́ть? А она́ всё равно́ отво́зит. Говори́т, что и так на чемода́нах живём. Она́ же гео́лог. Вся её оде́жда в одно́й су́мке. Джи́нсы да ку́ртка. Гео́лог!

— Э́то потому́ что у вас дете́й нет. Я давно́ хоте́ла спроси́ть... — Лю́ся откры́ла шкаф. — Вот э́то всё: ю́бка, ко́фта... Таки́е сто лет наза́д носи́ли. Она́ э́то но́сит?

— Люби́мые ве́щи... Так быва́ет... — отвеча́л Ми́тя.

Как ни стра́нно, Ми́тя люби́л поговори́ть с Лю́сей о Мари́не.

— Неда́вно чуть не пойма́ла нас.

— Да?

— Ты кому́-то звони́ла. Телефо́н на газе́те записа́ла. Она́ уви́дела. Кто, говори́т, писа́л? Сказа́л, что хозя́йка приходи́ла и звони́ла.

— А е́сли у хозя́йки спро́сит?

— Мо́жет, забу́дет. Хозя́йка придёт то́лько через ме́сяц.

— А она́ ревни́вая?

— Ка́жется, нет. Я ей никогда́ по́вода не дава́л для ре́вности. Э́то то́лько с тобо́й. В пе́рвый раз.

— Ой, Ми́тя! Ты как де́вочка: в пе́рвый раз! в пе́рвый раз! Всё-таки не всегда́ всё бы́ло гла́дко.

Вопросы

1. Объясни́те выраже́ния: «жить на чемода́нах», «*что сто лет назад носи́ли*», «*кто кому́* повода не давал для ревности».
2. Лю́да ве́рила тому́, что Ми́тя живёт с Мари́ной? Почему́?
3. Почему́ Ми́тя люби́л поговори́ть с Лю́сей о Мари́не?
4. Ми́тя продолжа́л люби́ть Мари́ну? Люби́л ли он Лю́сю? Аргументи́руйте отве́ты.
5. Ми́тя жесто́ко вёл себя́ по отноше́нию к Лю́се? Почему́?

37

К нача́льнику Вороши́ловской ПВС была́ своя́ отде́льная о́чередь. Нача́льник приходи́л по́зже. О́чередь ждала́ о́коло двере́й. Наконе́ц он пришёл. На удивле́ние нача́льник вы́глядел неопря́тно. «Вот он, — тяжело́ поду́мал Ми́тя, — Тот, Кто Выдаёт Гражда́нство».

— Заходи́ть мо́жно? — спроси́л кто́-то из о́череди.

— Я сам ещё не зашёл. Позову́, когда́ мо́жно.

Дверь за ним закры́лась, о́чередь вздохну́ла. Они́ жда́ли и жда́ли, но из-за две́ри не слы́шалось ни зву́ка.

— Я зайду́? — спроси́л Ми́тя у тех, кто стоя́л впереди́ него́.

Никто́ из них не хоте́л серди́ть нача́льника, но и стоя́ть до обе́да то́же не хоте́л. О́чередь молча́ла. Ми́тя доста́л па́спорт и, пройдя́ сквозь те́сную толпу́, вошёл в кабине́т.

Нача́льник стоя́л бо́ком. Из-под его́ фо́рменной руба́шки был ви́ден волоса́тый живо́т. Перед ним, гля́дя в пол, стоя́л сержа́нт мили́ции. Сержа́нт был напряжён.

— И где нашёл? — ве́село спроси́л Никола́й Никола́евич.

— Где нашёл, там бо́льше нет, — сержа́нт хоте́л посмотре́ть пря́мо, но тут же сно́ва стал смотре́ть в пол. Он улыбну́лся так, бу́дто собира́лся кого́-то укуси́ть.

— Нет. Ты тогда́, коне́чно, сли́шком... Так нельзя́. Нельзя́! На́до же контроли́ровать. Могли́ же быть пробле́мы...

Ми́те почему́-то сра́зу ста́ло я́сно, о чём они́ говоря́т. Он по́нял, что была́ серьёзная пья́нка, поте́ря и нахо́дка пистоле́та. И всё э́то бы́ло свя́зано с нача́льником. Э́то понима́л и сержа́нт.

— Да, ты тогда́ был в уда́ре, — доба́вил нача́льник ПВС.

— А кто не́ был?

— Но потеря́л то́лько ты!

Они́, коне́чно, ви́дели, что Ми́тя зашёл в кабине́т, но э́то ника́к не меша́ло их разгово́ру. Сержа́нт вско́ре ушёл, оста́вив Никола́я Никола́евича в отли́чном настрое́нии. Беря́ то одну́ бума́гу, то другу́ю, нача́льник посме́ивался. Наконе́ц он посмотре́л на Ми́тю: «Что там?»

— Вам Серге́й Фёдорович звони́л по моему́ вопро́су.

— О́чень мо́жет быть. И что за вопро́с?

— У меня́ с гражда́нством.

— Па́спорт дава́й.

Он сра́зу откры́л па́спорт на ну́жной страни́це. Взгляну́в на неё, закры́л па́спорт, бро́сил его́ на стол и ко́ротко вы́ругался.

— Что, извини́те? — не по́нял Ми́тя.

Нача́льник сно́ва вы́ругался и продо́лжил: «Ниче́м не помо́чь. Мог бы не ходи́ть. Ра́зве Серге́й сам тебе́ об э́том не мог сказа́ть?»

— Ниче́м не помо́чь?

— Нет.

— А почему́?

— Зако́н. Я ничего́ не могу́ сде́лать. Дава́й, беги́. Там у меня́ о́чередь.

— До свида́нья. Всего́ хоро́шего.

Когда́ Ми́тя подошёл к две́ри, Никола́й Никола́евич вдруг сказа́л:

— Зна́ешь, мой тебе́ сове́т: подожди́ немно́го. У них там каки́е-то дополне́ния к зако́ну бу́дут. Мо́жет, тебе́ и повезёт.

— Спаси́бо. Но мне поскоре́е на́до.

Никола́й Никола́евич развёл рука́ми[1].

Выйдя на у́лицу, Ми́тя вспо́мнил, как в девяно́сто второ́м году́ ходи́л в мили́цию, в па́спортный стол за вкла́дышем о гражда́нстве. Это бы́ло похо́же на посеще́ние Вороши́ловской ПВС. Тогда́ в кабине́те его́ встре́тила тётка, така́я же как в ПВС, то́лько без макия́жа, и лет ей бы́ло побо́льше. Она́ так же всех и всё ненави́дела. Она́ смотре́ла в стол и говори́ла споко́йным го́лосом. От э́того го́лоса встава́ли ды́бом во́лосы на рука́х и нога́х. «У тебя́ вре́менная пропи́ска. Вкла́дыша не поло́жено. Иди́. Сле́дующего пригласи́». Он понима́л, что она́ ждёт вопро́сов и просьб. Но сде́лал так, как она́ не ожида́ла: поверну́лся и вы́шел из кабине́та.

Это же повтори́лось с ним через де́сять лет в друго́м кабине́те, в друго́й стране́, кото́рая уже́ переста́ла быть сове́тской. Они́ говори́ли ему́ «ты» и заставля́ли боя́ться и молча́ть. Он понима́л, что э́то бу́дет всегда́, потому́ что они́ смогли́ созда́ть свою́ неви́димую и поэ́тому непобеди́мую импе́рию — импе́рию Ха́ма. А ви́димая часть ми́ра мо́жет меня́ться. Среза́ет очередно́й грибни́к гриб, а грибни́ца остаётся.

Комментарий

[1] Развести руки в стороны — жест, обозначающий бессилие, невозможность чем-либо помочь.

Вопросы

1. Объясните выражения: «отдельная очередь», «стоять боком», «форменная рубашка», «серьёзная пьянка», «быть в ударе», «где нашёл, там больше нет».
2. Почему начальник Ворошиловской ПВС выглядел неопрятно?
3. Почему Митя сразу понял, о чём говорили начальник ПВС и сержант милиции?
4. Дополните фразу: «Ты тогда, конечно, слишком... Так нельзя».
5. Кто же потерял и нашёл пистолет?
6. Почему в потере пистолета был виноват сержант милиции?

7. Почему у Николая Николаевича после ухода сержанта было отличное настроение?

8. Почему начальник дал Мите совет?

9. Кто такие «они», которые смогли создать невидимую и непобедимую империю Хама? Что это за империя? Объясните фразу: «Срезает очередной грибник гриб, а грибница остаётся».

38

Митя шёл на встречу к Олегу в ужасном настроении. Его сердило всё.

В холле «Интуриста» сидели иностранцы — крупные, со светлыми волосами. Они тоже вызывали раздражение.

Олег элегантно опоздал. Ровно на пять минут. Сбегая по лестнице, он договорил по телефону.

— Привет! Извини. Опоздал. Дел много! Без меня всё стоит на месте.

Мите всегда были симпатичны люди, которые извиняются, когда опаздывают.

— Давай посмотрим, что ты принёс, — сказал Олег, садясь в кресло.

Он смотрел бумаги, поглядывая при этом в сторону лестницы. «Ждёт кого-то», — подумал Митя.

— Ксерокопии документов? Есть заявление? Тогда вроде всё.

— Паспорт нужен? — поинтересовался Митя.

— Разве можно паспорт отдавать? — удивился Олег.

— Я просто спрашиваю.

— Извини, друг, мне надо в администрацию города, так что не смогу с тобой посидеть и поболтать. Дел — море!

— Конечно, конечно. Минуту только, — Митя хотел узнать главное. — Денег-то сколько готовить?

— Денег? Подожди с деньгами. Паспорт новый тебе нужен?

— Да.

— Разберёмся. Не торопись. Пойдём. Боюсь, опоздаю. Машина моя в ремонте. «Мерседес»[1], а ломается как «Запорожец»[2]!

— Бу́ду ждать твоего́ звонка́.

— Дава́й. За́втра я встреча́юсь с генера́лом Фомичёвым. С заммини́стра по обще́ственному поря́дку. По твоему́ де́лу. Таки́е вопро́сы, как у тебя́, лу́чше сра́зу реша́ть наверху́. Пра́вильно?

— Пра́вильно.

— Чем вы́ше, тем лу́чше. Ну, пока́! Кста́ти, поздравля́ю с днём рожде́ния.

Ми́тя снача́ла удиви́лся, что Оле́г по́мнит день его́ рожде́ния, но пото́м по́нял, что однокýрсник то́лько что рассма́тривал его́ па́спорт.

Ми́тя прислу́шался к себе́. Внутри́ бы́ло опа́сно, как бу́дто он идёт по то́нкому льду.

Комментарий

[1] «Мерседес» — автомобиль «Mercedes-Benz», показатель высокого статуса его хозяина.

[2] «Запорожец» — самый дешёвый автомобиль в СССР, ставший темой анекдотов.

Вопросы

1. Объясните выражения: «элегантно опоздать», «без меня всё стоит на месте», «Дел — море!», «подожди с деньгами», «"Мерседес", а ломается, как "Запорожец"!», «замминистра по общественному порядку», «вопросы лучше сразу решать наверху», «чем выше, тем лучше», «прислушиваться/прислушаться к себе», «внутри было опасно», «идти по тонкому льду».

2. Почему Митя шёл на встречу к Олегу в ужасном настроении? Почему иностранцы вызвали у Мити раздражение?

3. Олег — деловой человек? Он вызывает у вас симпатию? Почему?

4. Выразите своё отношение к тому, что: 1) все проблемы надо сразу решать наверху; 2) люди, извиняющиеся за опоздание, вызывают симпатию; 3) всегда нужно слушать свой внутренний голос.

39

Днём Ми́тя съе́здил к ма́тери. Он не мог не съе́здить к ней в день своего́ рожде́ния, потому́ что у него́ был выходно́й. Она́ подари́ла ему́ бе́лый шарф. Ей всегда́ нра́вились бе́лые ша́рфы. Они́ вы́пили полбуты́лки подде́льного грузи́нского вина́. Бы́ли и обяза́тельные грузи́нские блю́да. Они́ уже́ сиде́ли час. Светла́на Ива́новна всё де́лала для того́, что́бы бы́ло ве́село. Она́ всё вре́мя улыба́лась и что́-то ра́достно говори́ла. Мно́го говори́ла о его́ де́тстве. Он не понима́л: кому́ и для чего́ всё э́то ну́жно? Пото́м она́ сказа́ла:

— Ну, что ты тако́й гру́стный? Расскажи́ ма́ме что́-нибудь.

Уходя́, Ми́тя бы́стро поцелова́л её в щёку, она́ же сра́зу потяну́ла его́ го́лову к себе́. Он бы́стро вы́свободился.

— А ма́ленький тако́й ла́сковый был... На коле́нях всё сиде́л... — вздохну́ла Светла́на Ива́новна.

Ми́тя наде́л бе́лый шарф так, что́бы он не́ был ви́ден. Она́ подошла́ и попра́вила по-сво́ему.

...Он до́лго е́хал в авто́бусе. Вы́шел на свое́й остано́вке. Спеши́ть бы́ло не́куда. Лю́се он зара́нее сказа́л, что бу́дет до́ма с Мари́ной. От Лю́си он получи́л дорого́й одеколо́н. Ещё она́ сказа́ла, что весь ве́чер в «Аппара́те» бу́дет петь для него́ всё, что он захо́чет. Одеколо́н был тот же, что он купи́л себе́ как пода́рок от Мари́ны. Это показа́лось ему́ плохи́м зна́ком.

Ми́тя ждал ве́чера. Ве́чером он побри́лся, наде́л костю́м, положи́л на дива́н телефо́н и расположи́лся в кре́сле. На сто́лике ме́жду дива́ном и кре́слом он поста́вил буты́лку грузи́нского вина́ и два бока́ла. До́лжен был позвони́ть Ва́ня. Мари́на не гово́рит с ним по телефо́ну. Ка́ждый раз сын станда́ртно говори́т: «Ма́ма передаёт свои́ поздравле́ния».

Ми́тя разли́л вино́ по бока́лам и пересе́л на дива́н. Посиде́в, он сно́ва сел в кре́сло и посмотре́л на дива́н. Бы́ло похо́же, что там кто́-то то́лько что сиде́л. Он реши́л, что вы́пьет то́лько тогда́, когда́ поговори́т с Ва́ней.

Ми́тя вспо́мнил вре́мя, когда́ они́ с Ва́нечкой оста́лись одни́. Они́ сра́зу перее́хали из обща́ги, и у них появи́лся свой парк.

Парк по доро́ге в Ва́нину шко́лу. Они́ выходи́ли из до́ма и шли ме́дленно по па́рку. В па́рке бы́ло мно́го больши́х дере́вьев. Ми́тя хорошо́ по́мнит звук ли́стьев под нога́ми. Он то́же ходи́л в шко́лу ми́мо больши́х дере́вьев. Ва́ня люби́л па́рки. Ми́тя успе́л рассказа́ть ему́, что в де́тстве то́же люби́л па́рки. Э́то он успе́л. «Интере́сно, — поду́мал Ми́тя, — в О́сло есть прили́чные па́рки?»

Проща́лись в аэропорту́ Росто́ва. Снача́ла Ва́ня не хоте́л встреча́ться с ма́терью, не хоте́л лете́ть с ней в Москву́. Светла́на Ива́новна была́ то́же про́тив. Говори́ла, что ля́жет у двере́й и никуда́ не пу́стит вну́ка. Но Мари́на о́чень проси́ла, звони́ла по не́сколько раз в неде́лю. Говори́ла, что сде́лает сы́ну пра́здник перед нача́лом заня́тий в шко́ле. Ми́тя взял с неё сло́во, что она́ вернёт сы́на. Взял сло́во и с Ва́ни, что он вернётся. Ва́ня тогда́ сказа́л: «Коне́чно, верну́сь, па́па!»

Сын до́лжен был уже́ верну́ться. Ми́тя ждал от них звонка́. Никто́ не позвони́л. Он ждал, гля́дя в телеви́зор, пото́м в ковёр. Пото́м он па́дал в чёрный квадра́т, у кото́рого не́ было дна. В три часа́ но́чи по́нял: «Не вернётся».

...Ми́тя просну́лся от хо́лода. Он закры́л окно́, вы́ключил свет, убра́л с дива́на телефо́н и лёг, не снима́я оде́жды. Он смотре́л на бока́лы и ду́мал, что хорошо́ бы́ло бы, е́сли бы ря́дом лежа́ла Лю́ся. Он бы слу́шал, как она́ ды́шит. А ещё он ду́мал о том, что он ей расска́жет при встре́че. А расска́жет он ей, как они́ посиде́ли с ма́мой и Мари́ной, как е́ли грузи́нскую еду́, а пото́м ма́ма ушла́, а они́ се́ли перед телеви́зором, и он вспомина́л о ней и да́же собира́лся позвони́ть, пока́ Мари́на была́ в ду́ше, но тут ему́ позвони́л ста́рый университе́тский прия́тель.

Нау́тро он вы́глядел как челове́к, кото́рый накану́не мно́го вы́пил. На рабо́те охра́нник То́лик ему́ сказа́л: «Ви́дно, что вчера́ бы́ло хорошо́!» Ещё он сказа́л, что пи́ва сего́дня лу́чше не пить.

Вопросы

1. Объясните выражения: «поддельное вино», «*что* показалось плохим знаком», «взять слово *с кого, что...*», «падать в чёрный квадрат без дна».

2. Правильно ли сделал Митя, что съездил к матери отметить свой день рождения? Вам понравился подарок, сделанный Светланой Ивановной? А Мите? Почему?

3. Зачем Митя сказал Люсе, что будет праздновать свой день рождения с Мариной? Почему одинаковые подарки показались ему плохим знаком?

4. Какой подарок в этот день был для Мити самым главным? Почему?

5. Митя был хорошим отцом? Почему?

6. Почему Марина и Ваня не выполнили обещания, данные Мите?

7. Что почувствовал Митя, когда понял, что сын не вернётся? Почему сын не позвонил и не поздравил отца с днём рождения?

8. Трудно ли Мите будет говорить неправду Люсе? Почему?

40

Вечером Митя пришёл в «Аппарат». Он поставил перед Стасом, Витей и Генрихом, с которыми пела Люся, порцию водки с тоником. Музыканты сегодня не работали, потому что в ресторане гуляла большая армянская компания. Армяне гуляли шумно и весело. Они собрались здесь, потому что, во-первых, у одного из них родился в Армении сын и, во-вторых, хозяин «Аппарата» — родственник. Из динамиков лилась их национальная музыка.

К столику, за которым сидели Митя и музыканты, подошла Люся. Вскоре Митя понял, что Генрих опять решил с ним поспорить. Он каждый раз начинал с Митей спор, если рядом была Люся. До встречи с Митей у Люси было много мужчин. Генрих тоже был её любовником. Как бывший любовник Генрих был идеален. Даже Стас и Витя не догадывались, что когда-то Люся была с Генрихом. Митя думал о том, что Генрих — идеальный мужчина, но Люся, наверное, не умеет любить идеа́льных. Она́ не почу́вствовала с Ге́нрихом того́, что чу́вствует с Ми́тей.

— А всё-таки ты не прав, — на́чал Ге́нрих.

— Не на́до, — попроси́ла Лю́ся. — Всё ра́вно у ка́ждого бу́дет своё мне́ние.

Обы́чно, когда́ они́ спо́рили, Лю́ся сади́лась во́зле Ми́ти и сиде́ла, не говоря́ ни сло́ва, хотя́ Ге́нрих — пиани́ст, сочиня́ющий иногда́ му́зыку. У него́ хари́зма и маникю́р. Несмотря́ на всё э́то, Лю́ся и сего́дня сиди́т во́зле охра́нника Ми́ти.

— Мину́точку! — продо́лжил Ге́нрих, — я хочу́ поня́ть. Вот ты говори́шь, что у нас нет культу́рной тради́ции. Так? Что сове́тское ушло́, а ру́сского под ним не оказа́лось.

— Да, — сказа́л Ми́тя, бу́дто отвеча́я на вопро́с учи́теля. — Говорю́.

— В чём же ру́сская тради́ция? Почита́й о ру́сской тради́ции у ру́сских писа́телей. То́лько пья́нство на обо́чине катастро́фы. В нём заключа́ется ру́сская тради́ция. Но ра́зве катастро́фа мо́жет быть тради́цией? Зна́чит, тради́ция в том, что нет никаки́х тради́ций. Власть за со́тни лет мно́го зако́нов написа́ла, а ничего́ не получи́лось! Хоро́шая тради́ция, да?

— Сам поду́май, — сказа́л Ми́тя. — Ты об э́том сейча́с говори́шь отсю́да, спустя́ сто лет. Я тебе́ вот что говори́л: то́лько извне́ тради́ция хороша́ и́ли плоха́. То́лько извне́ её мо́жно оцени́ть. Пло́хо без тради́ции. Пу́сто.

Ге́нрих посмотре́л на Ми́тю так, бу́дто он сказа́л большу́ю глу́пость.

— Почему́ пу́сто? Что мы, ру́сские, потеря́ли це́нного? Что? Я тебе́ скажу́! Мы не потеря́ли. Мы освободи́лись! Наконе́ц-то перед на́ми чи́стый лист. Пиши́, де́лай. Если ты свобо́ден от запре́тов, прика́зов — э́то пустота́?

— Мину́точку, — на́чал Стас. — Ты говори́шь о ру́сских времён Льва Никола́евича[1] и́ли о сове́тских времён Леони́да Ильича́[2]?

— Кака́я ра́зница? Там — ба́рин, тут — па́ртия. Вот ты свобо́ден, — Ге́нрих посмотре́л на Ми́тю, — иди́ куда́ хо́чешь! Кака́я пробле́ма? Кака́я пустота́?

Л.И. Брежнев

Лев Толстой

Б.Н. Ельцин

— Но куда? Идти куда? — спросил Митя. — Вот ты куда́ хо́чешь? У тебя́ есть чу́вство направле́ния? У птиц оно́ есть. Вот э́то и есть тради́ция. А мы всё науга́д. В нас нет чу́вства направле́ния. Поэ́тому нас го́нят, как ста́до, с одного́ по́ля на друго́е.

— А бы́ло когда́-нибудь э́то чу́вство направле́ния?

— Мо́жет быть, и не́ было. Я не зна́ю. Не могу́ поня́ть. То́лько зна́ю, что науга́д получа́ется пло́хо: то СССР, то СНГ³! — отве́тил Митя.

— Подожди́! Я всё по́мню! Демонстра́ции, портре́ты, цветы́ из бума́ги. Все «за», «про́тив» никого́ нет. Это ведь тради́ция, так? Это, по-тво́ему, лу́чше, чем то, что мы сейча́с име́ем? — Ге́нрих посмотре́л на Ми́тю.

— Да ведь ты говори́шь о сове́тской тради́ции. О сове́тской! Она́ была́ наси́лием, поэ́тому и не прижила́сь.

— Чёрт! А я друго́й, кро́ме сове́тской, не зна́ю. Я тебе́ э́то и пыта́юсь объясни́ть. Друго́й-то не зна́ю! Ты сам-то зна́ешь? В чём она́, ру́сская тради́ция, скажи́? То́лько ко́ротко, мно́го слов не на́до.

— Тру́дно, — бы́ло ви́дно, что Митя не́рвничает. — У ка́ждого она́ своя́, Ге́нрих, ру́сская тради́ция. У бомжа́ на вокза́ле она́ есть. А вот у нас с тобо́й её нет. Совсе́м нет никако́й. Того́, что тебе́ и мне подошло́ бы.

— Но мне не ну́жно никаки́х тради́ций! И ру́сской тради́ции мне не на́до! Не на́до тако́й, кото́рая у ка́ждого своя́. Не на́до тако́й, кото́рая была́ бы на́шей с тобо́й. Не на́до тако́й, кото́рой никогда́ не́ было. Я, сла́ва Бо́гу, граждани́н ми́ра. Я не хочу́, что́бы меня́ что́-то ограни́чивало.

Сказа́в э́то, Ге́нрих впервы́е за э́тот ве́чер посмотре́л на Лю́сю и тут же продо́лжил с но́вой си́лой:

— Стра́нный ты, Ми́тя, челове́к. Ты сочини́л свою́ со́бственную Росси́ю. Ты ска́зочник. Тради́цию ру́сскую сочиня́ешь. Ельцина⁴ руга́ешь, как бу́дто он в твой суп плю́нул. «Про́пил он страну́, разврати́л!» А когда́ она́ друго́й была́? Когда́ была́ не пья́ной? Когда́ была́ не лени́вой? Не крова́вой когда́ была́?

— Она́ всегда́ хоте́ла быть друго́й, лу́чше.

— Но не могла́, да?

— А что, е́сли в э́том и есть ру́сская тради́ция? В э́том жела́нии? В попы́тке стать лу́чше?

Ге́нрих хоте́л ещё что́-то сказа́ть, но Лю́ся обрати́лась к Ми́те:

— Вон Оле́г твой пришёл.

Комментарий

[1] Лев Николаевич — Л.Н. Толстой (1828–1910) — русский писатель-классик.

[2] Леонид Ильич — Л.И. Брежнев (1906–1982) — советский государственный, политический, военный и партийный деятель, руководитель СССР (1964–1982).

[3] СНГ — аббр. «Содружество Независимых Государств» — региональная международная организация (международный договор) по сотрудничеству между странами, ранее входившими в состав СССР.

[4] Ельцин — Борис Николаевич Ельцин (1931–2007) — первый президент России (1991–1999).

Вопросы и задания

1. Объясните выражения: «водка с тоником», «сидеть, не говоря ни слова», «на обочине катастрофы», *перед кем* чистый лист», «русских времён *кого?*», «советских времён *кого?*», «чувство направления», «гонять *кого*, как стадо, с одного поля на другое», «гражданин мира».

2. Объясните фразы: «Советское ушло, а русского под ним не оказалось», «русская традиция — пьянство на обочине катастрофы», «Мы освободились! Наконец-то перед нами чистый лист!», «Там — барин, тут — партия», «Все "за", "против" — никого нет», «Найти то, что тебе и мне подошло бы».

3. Почему Митя угостил музыкантов водкой с тоником?

4. Что можно сказать о народе, представители которого празднуют рождение ребёнка, появившегося в далёкой Армении? Праздновали ли бы русские такое событие, находясь вдали от родины? А ваши земляки? Почему?

5. Почему Генрих спорит с Митей?

6. Что чувствует Люся с Митей и чего она не чувствует с Генрихом? Понимает ли Генрих, почему Люся не с ним, а с Митей? Аргументируйте ответ.

7. Выразите своё отношение к фразам:
— Спорить никогда не надо, потому что всё равно у каждого будет своё мнение.
— Катастрофа может быть традицией, объединяющей народ.
— Не может быть традицией то, что нет никаких традиций.
— Плохо без традиции. Пусто.
— Свобода от запретов и приказов — пустота.
— Если нет традиции, значит, нет чувства направления.
— Наугад всегда получается плохо.
— В современном мире традиции теряют свою актуальность.

41

— Тот, кто решит твои проблемы? — сказал Генрих и, посмотрев на Митю, добавил: — Ещё одна традиция?

Митя познакомил Олега со всеми. Мужчины заказали водки, а Люся — сока. Олег пить отказался.

— Я на секунду, — сказал он. — Поговорим, и я побегу. Скоро Новый год. А сразу после него — выборы. Работы много.

Митя с Олегом вышли на улицу. Там было холодно и спокойно.

— Всё будет готово через неделю, — сообщил Олег. — Через неделю пойдём за твоим паспортом в ОВИР[1].

«Теперь, — сказал себе Митя, — спроси, сколько это будет стоить».

— И сколько это будет стоить? — спросил Митя.

— Четыреста. Вообще-то это штуку[2] стоит. Но, поскольку я попросил...

— Я знаю, знаю. Штуку стоит, знаю, — сказал Митя.

— Деньги нужны завтра. Завтра днём он ждёт меня с деньгами.

— Завтра.

— Завтра, — подтвердил Олег.

— Слу́шай, а нельзя́ де́ньги отда́ть, когда́ всё бу́дет уже́ сде́лано?

— Нет, — Оле́г смотре́л пря́мо Ми́те в глаза́.

Ми́тя не знал, что де́лать. У него́ не́ было четырёхсо́т до́лларов. Бо́лее того́, он не знал, у кого́ их мо́жно заня́ть.

— Ты в чём-то сомнева́ешься? — спроси́л Оле́г.

— Нет, нет, — сказа́л Ми́тя. — А ты сам уве́рен в э́том челове́ке?

— Я? На сто проце́нтов! Ты ведь не пе́рвый. К нам уже́ обраща́лись с э́той пробле́мой. Но твои́ сомне́ния я понима́ю. К нам обраща́лись и те, кото́рых ки́нули[3] в тако́й же то́чно ситуа́ции. И мы им помога́ли. У меня́ у жены́ то́же бы́ли пробле́мы с па́спортом. Мне то́же пришло́сь вперёд плати́ть. Э́то систе́ма. Понима́ешь, систе́ма!

Еди́нственный челове́к, у кото́рого Ми́тя мог заня́ть де́нег, была́ Лю́ся. Она́ ко́пит на кварти́ру — у неё есть.

Когда́ он верну́лся в «Аппара́т», Лю́ся спроси́ла: «Что он сказа́л»?

— Всё норма́льно, — отве́тил Ми́тя.

Пока́ Ми́тя разгова́ривал с Оле́гом, Стас с Ге́рманом спо́рили о том, европе́йцы мы и́ли азиа́ты.

— Ну что? — сно́ва спроси́ла Лю́ся. — Расска́зывай. Что он сказа́л?

— Сказа́л, де́ньги на́до отдава́ть вперёд. За́втра днём.

Не́которое вре́мя они́ сиде́ли мо́лча.

— Я пойду́, — наконе́ц сказа́ла Лю́ся. — Спать о́чень хочу́.

Лю́ся жила́ сейча́с в подва́ле рестора́на, потому́ что её вы́гнала из до́ма пья́ная мать. Она́ подбежа́ла к ней с ножо́м и закрича́ла: «Иди́ отсю́да, отро́дье африка́нское!»

— Подожди́... — Ми́тя взял её за́ руку. — Пойдём ко мне?

— А твоя́ уе́хала? Опя́ть? — Она́ удивлённо посмотре́ла на него́. — Ка́жется, она́ в пя́тницу то́лько верну́лась. И сно́ва уе́хала? А Но́вый год?

— Сро́чная командиро́вка. Пойдём?

— Пойдём. Ты гру́стный о́чень. Или уста́л?

Они оде́лись, вы́шли из рестора́на и пошли́ в сто́рону Ми́тиного до́ма. Лю́ся спроси́ла: «Мо́жно взять тебя́ по́д руку? Никто́ не уви́дит?»

Ми́тя поду́мал: «Как бы́ло бы хорошо́, е́сли бы у них с Лю́сей всё бы́ло по-друго́му, по-настоя́щему. Мо́жет, зако́нчить э́ту игру́? Рассказа́ть про Ва́ню, про Кри́стофа, про О́сло? Лю́ська, прости́ меня́. Заблуди́лся я совсе́м».

Они́ прошли́ ещё немно́го, и она́ вдруг сказа́ла:

— Ми́тя, де́ньги ты мо́жешь взять у меня́.

Комментарий

[1] ОВИР — аббр. «Отдел виз и регистрации» — организация, существовавшая в СССР и постсоветской России (1935–2005), которая и занималась регистрацией иностранцев, прибывших в СССР и Россию, и оформлением выездных документов.

[2] Штука — (разг.) тысяча (здесь: долларов).

[3] Кидать/кинуть *кого? на сколько?* — (разг.) обманывать/обмануть на деньги.

Вопросы

1. Объясните выражения: «смотреть прямо в глаза *кому*», «На сто процентов уверен *в ком, в чём?*», «платить/заплатить вперёд *кому за что*».

2. На какую традицию намекнул Генрих Мите, показывая на Олега?

3. Четыреста долларов — это много? Почему их нет у Мити? Почему ему не у кого их занять?

4. Четыреста долларов, о которых говорит Олег, — это взятка? Почему вы так думаете? Выразите своё отношение к такому явлению, как взятка.

5. О какой системе говорил Олег?

6. Почему Люся сказала Мите, что даст ему денег?

42

То, что Ваня забыл поздравить его с днём рождения, должно было бы обидеть Митю. Но он запретил себе обижаться на Ваню. А ещё он запретил себе звонить ему.

Два дня ему было страшно: вдруг что-то случилось в их норвежской столице. Но в новостях про Осло и про скучную и холодную Норвегию ничего не писали. Тогда он решил, что у них в семье что-то случилось.

Он набрал длинный заграничный номер. К телефону подошёл энергичный и вежливый Кристоф. Митя ничего не смог сказать и положил трубку.

Время шло. Ваня не звонил. Митя переживал, что когда сын вспомнит о его дне рождения, то ему станет больно, что не позвонил отцу.

Ваня позвонил рано утром тридцать первого декабря.

— С праздником! Боялся, что тебя не будет дома. Вдруг ты куда-нибудь уйдёшь в гости?

— Привет! И тебя с праздником! Ну что, вы там в своём Осло уже празднуете? Нет?

— Празднуем. Мама всегда празднует. А соседи, конечно, нет.

— Молодец мама. Что маме подаришь?

— Я? Нет. Подарки на Рождество, а не на Новый год.

— Ну, сынок, мне надо бежать. Передавай привет им. Пожелай всего хорошего. Обнимаю.

— Папа! Алло! Ты скажи, когда ты приедешь? Кристоф спрашивал, на какой счёт деньги переводить? Ты так и не прислал номер счёта. Ты счёт открыл? Когда приедешь? В марте приедешь? Мы же потом уезжаем, ты помнишь? Дома жить не будем.

— Я постараюсь, Ваня. Тут проблемы.

— Какие?

— Потом расскажу. Когда приеду. Извини. Бежать надо.

— С Новым годом, папа.

— С Новым годом, сын.

Про день рождения сын не вспомнил.

Вопросы

1. Объясните выражения: «на какой счёт деньги переводить?», «присылать/прислать номер счёта», «открывать/открыть счёт».
2. Как Митя переживал то, что сын не поздравил его с днём рождения?
3. Становится ли сын для Мити чужим, потому что живёт в другой культуре? Аргументируйте ответ.
4. Почему Митя недолго говорил с Ваней и быстро закончил разговор с ним?

43

Приближа́лся день получе́ния па́спорта. Ми́тя ждал э́тот день с расту́щим волне́нием. Накану́не возбужде́ние дошло́ до того́, что на рабо́те он почти́ подра́лся с одни́м из охра́нников. Дожда́вшись ве́чера, Ми́тя на́чал звони́ть Оле́гу. Моби́льник не отвеча́л. Ми́тя набира́л и набира́л но́мер. Наконе́ц он дозвони́лся.

— Молоде́ц, что позвони́л, — сказа́л Оле́г. — У меня́ моби́льник слома́лся.

— Мы догова́ривались. Ты по́мнишь, что за́втра?

— Коне́чно, по́мню. Час наза́д звони́л в ОВИ́Р. К сожале́нию, за́втра мы в ОВИ́Р не идём.

— Почему́?

— Челове́к уе́хал на неде́лю в командиро́вку, в Чечню́. Там то́же вы́боры. Его́ туда́ посла́ли, что́бы он контроли́ровал ход вы́боров. На́до подожда́ть.

— Мне ско́ро на́до.

— Ты спеши́шь куда́-то? Опа́здываешь? Через неде́лю челове́к бу́дет, и мы возьмём твой па́спорт. Жди. Я сам тебе́ позвоню́.

Оле́г позвони́л на сле́дующий день, ра́но у́тром, и попроси́л ве́чером прийти́ в штаб своего́ кандида́та в депута́ты. Ми́тя е́ле дожда́лся ве́чера.

Штаб кандида́та в депута́ты Бирюко́ва располага́лся в видеосало́не. Настрое́ние у Ми́ти бы́ло хоро́шее. Он принёс взя́тку.

Сейча́с он переда́ст де́ньги Оле́гу и вско́ре полу́чит па́спорт с гражда́нством. Са́мое же гла́вное то, что ему́ не на́до бо́льше встреча́ться с те́ми, кто сиди́т в кабине́тах.

— Молодо́й челове́к, где мне Оле́га уви́деть? — обрати́лся он к охра́ннику, расположи́вшемуся в пе́рвой ко́мнате, похо́жей на коридо́р.

Тот показа́л руко́й за свою́ спи́ну. Пройдя́ ми́мо него́, Ми́тя уви́дел други́е ко́мнаты. Па́хло едо́й. Челове́к пять-шесть говори́ли по телефо́нам. Кака́я-то де́вушка пробежа́ла с листо́м бума́ги, за ней пронесли́ па́чки листо́вок. Ми́те захоте́лось то́же что́-нибудь де́лать здесь, в э́той энерги́чной кома́нде.

— Вы кто? — спроси́л како́й-то челове́к, держа́ в руке́ телефо́н. — Вы по како́му вопро́су?

— Я могу́ Оле́га уви́деть?

— Како́го?

— Лаго́дина. Оле́га Лаго́дина.

— Оле́г! — позва́л па́рень и верну́лся к своему́ телефо́нному разгово́ру.

Оле́г тут же появи́лся из-за двере́й ко́мнаты, в кото́рую то́лько что вошла́ де́вушка. Он подбежа́л в Ми́те и сказа́л: «Вы́йдем!»

На у́лице Ми́тя сра́зу доста́л де́ньги и, передава́я их, проговори́л: «Принёс». Оле́г не стал их счита́ть, а спроси́л:

— Тебе́ рабо́та нужна́? Нам сейча́с ну́жен челове́к, кото́рый бу́дет занима́ться хозя́йством. Бума́га, карандаши́, ру́чки, салфе́тки. Я сказа́л о тебе́ Бирюко́ву. Он не про́тив. Дипло́м институ́та у тебя́ есть. Я тебя́ рекомендова́л. Бу́дет маши́на и свой кабине́т в «Интури́сте». Но на́до снача́ла па́спорт сде́лать. Так что полу́чишь па́спорт и сра́зу к нему́. Мо́жно бы́ло бы сего́дня вас познако́мить, но обе́д привезли́. Он обе́дает.

Ми́тя слу́шал с интере́сом то, что говори́л Оле́г. Тем вре́менем во двор въе́хал ста́рый сове́тский автомоби́ль. Из него́ ста́ли выгружа́ть листо́вки.

— Да, — сказа́л Оле́г, — наш кандида́т проси́л тебя́ сего́дня помо́чь ему́.

— А что надо делать?

— Листовки клеить. Людей мало. Поможешь? Пойдём, покажу тебе твой район.

Митя хотел спросить, будут ли платить за эту работу. Но, подумав, решил, что сейчас это неважно. Неважно потому, что совсем скоро он может получить от Бирюкова хорошую работу. Уже начало темнеть. По дороге Олег учил: «Кроме того, что будешь клеить наши листовки, срывай листовки других кандидатов в депутаты».

— Срывать?

— Да, — кивнул Олег и, сорвав листовку, на которой было лицо пожилого военного, бросил её под ноги. Митя посмотрел по сторонам. — Всё! Пока! Позвони утром в понедельник. Я постараюсь познакомить тебя с Бирюковым.

— Заодно расскажешь, как дела с паспортом.

— А чего там рассказывать? Всё будет о’кей[1]!

Комментарий

[1] О’кей — (англ.) да, хорошо.

Вопросы и задания

1. Объясните выражение «контролировал ход выборов».
2. В каком состоянии находился Митя, ожидая звонка от Олега? Почему?
3. Выразите своё отношение к действиям и словам Олега.
4. Выразите своё отношение к заданию, которое Олег дал Мите. Согласились бы вы на месте Мити помочь с листовками? Аргументируйте ответ.

44

Олег ушёл, а Митя приступил к делу. Людей было мало, но всё же он старался, чтобы его не видели. Митя говорил себе: «Всё правильно. Так и надо здесь, в России. Япония живёт кланами. И неплохо живёт. И в Америке кланы. А уж в Италии... Всё правильно. Только если ты в клане, у тебя может что-то получиться в жизни. Всё равно, какой это клан. Главное, кто ты в этом клане». Думая о системе кланов в России и о будущей работе, он срывал и складывал в пакет чужие листовки, чтобы не мусорить.

— Ну, урод, ты что тут делаешь? — неожиданно услышал он сзади.

Митя оглянулся и увидел военный патруль, состоящий из прапорщика и троих солдат. Чуть вдалеке стояла военная машина.

— Ну! Отвечать! — крикнул прапорщик.

Даже в темноте сразу стало понятно, что прапорщик сильно пьян.

Выругавшись матом, прапорщик продолжил:

— Я спрашиваю... Чего ты тут делаешь? Голову тебе оторвать? Голову оторвать? А ну-ка, в машину его! Отвезём в тихое место и там поговорим!

Митя не испугался, а только сильно удивился. Он чуть не спросил прапорщика: «Ты это серьёзно?» И если бы его сейчас поставили к стенке и стали расстреливать, то он бы не удивился сильнее, чем удивился сейчас.

— Товарищ прапорщик, — сказал кто-то из солдат. — Да не надо...

— Что-о-о-о? — прапорщик повернулся к солдатам. — Вы слышали приказ? В машину его! Быстро!

Солдаты продолжали стоять, где стояли.

— В машину, я сказал! Я приказываю! Слышите?

Митя пошёл в сторону проспекта.

— Стоять! — закричал пьяный прапорщик и почти упал на Митю.

— Чего́ тебе́ на́до? — спроси́л Ми́тя.

— Чего́? Я тебе́ покажу́, чего́ мне на́до! Я тебе́ покажу́, чего́ мне на́до! — закрича́л пра́порщик и толкну́л Ми́тю.

— Заче́м мне э́то на́до? Э́то не мой дела́, — сказа́л оди́н из солда́т и пошёл к маши́не.

Пра́порщик сно́ва подошёл к Ми́те и толкну́л его́: «Я тебе́ покажу́, что мне на́до, уро́д!» Пото́м толкну́л ещё и ещё.

Ми́тя взял пра́порщика за пле́чи и ткнул коле́ном ме́жду ног. Тот вскри́кнул и лёг. Ми́тя посмотре́л на солда́т. Те смотре́ли то на него́, то на своего́ команди́ра.

Ми́тя поверну́лся и пошёл. Когда́ солда́ты окружи́ли пра́порщика, он побежа́л. Он ждал вы́стрелов. Они́ обяза́тельно должны́ бы́ли быть. Ми́тя бежа́л, а пото́м останови́лся. Вы́стрелов не́ было. Был слы́шен то́лько мат.

Вопросы и задания

1. Объясните выражения: «военный патруль», «говорить/поговорить в тихом месте», «ставить/поставить к стенке».

2. Согласны ли вы с тем, что «только если ты в клане, у тебя может что-то получиться в жизни»? Аргументируйте ответ.

3. Почему прапорщик начал разговор с Митей?

4. Почему солдаты не выполнили приказ своего командира?

5. Правильно ли в этой ситуации вёл себя Митя? Почему? Почему он не испугался, а только сильно удивился?

45

Ми́тя пришёл в «Аппара́т» и сел за сто́лик к Ста́су и Ви́те. Ге́нрих игра́л Ге́ршвина[1]. Лю́си всё не́ было, её моби́льник не отвеча́л. Ми́тя ка́ждый раз вздра́гивал и обора́чивался, когда́ открыва́лась дверь в рестора́н. Он наде́ялся, когда́ шёл сюда́, что по́сле закры́тия рестора́на он пойдёт с Лю́сей к себе́. После́днее вре́мя э́то случа́лось ча́сто. Ждать дня, когда́ наконе́ц мо́жно бу́дет пойти́ в ОВИ́Р и забра́ть па́спорт, бы́ло всё трудне́е. Каза́лось, что то́лько она́ мо́жет помо́чь ждать. Ми́тя стара́лся

114

не думать о том, что будет после того, как он получит паспорт, оформит заграничный паспорт и поедет к сыну. Главное, он не думал, что будет потом, когда он вернётся.

«Прости, Люся, за ложь, — думал он. — Не могу остановиться».

Их отношения не были похожи на отношения между любовниками, потому что между ними не было Марины. Для него Люся была живой женщиной, пусть и не любимой, но такой, которая встречала его утром улыбкой и тёплой рукой.

У Мити много сил ушло на этот спектакль. Люся поверила в жену, которой нет. Ещё Люся делала всё, что он говорил. Например, он говорил ей, что к тому месту, где он сейчас живёт, им надо идти по разным сторонам улицы. И она шла. Затем он заставлял её обходить хлебный магазин с другой стороны, а сам в это время поднимался в квартиру. Войдя во двор, Люся должна была переждать там несколько минут, оставаясь незаметной. Это было непросто, потому что она ведь мулатка. Люся всё это выполняла, не показывая каких-либо эмоций. Как будто так и надо.

Мите всё труднее было придумывать причины, почему Марины нет дома. У него закончились истории о том, что она уехала в командировку, что её срочно куда-то вызвали, что она поехала к маме в другой город.

Вчера он преподнёс ей новый сюжет:

— Понимаешь, у неё тётя заболела. Родная сестра матери. У тёти детей нет. Её в больницу положили. Ей надо там помогать. Марина теперь ездит в больницу и там ночует. Тётя обещала квартиру нам завещать. Нам надо любить её. Хотя она женщина ужасная. Не женщина, а Третья мировая война.

Молча выслушав, Люся спросила: «А она не вернётся среди ночи?»

— Почему?

— Но, может быть, больной что-то будет нужно.

Об этом Митя не подумал. Когда-то он умел выкручиваться. Так, он ловко выкрутился, когда Люся нашла Ванину игрушку и удивилась: «Что это? Вы ждёте ребёнка?»

— Нет, — тут же отве́тил он и тут же всё ло́вко объясни́л: — Жда́ли когда́-то. Сейча́с не ждём. У Мари́ны не мо́жет быть дете́й. Ещё она́ сказа́ла, что не хо́чет име́ть дете́й. Я то́же. Заче́м ни́щих рожа́ть?

— А игру́шка?

— Что игру́шка?

— Заче́м?

— Не зна́ю. На́до вы́бросить и́ли кому́-то подари́ть.

По пра́вде сказа́ть, ему́ бы́ло о́чень тру́дно всё э́то говори́ть. Лю́ся посмотре́ла тогда́ на него́ так, как смо́трят врачи́ на больно́го, кото́рый хо́чет показа́ть, что он абсолю́тно здоро́в.

Поэ́тому вчера́, когда́ Ми́тя говори́л о тёте, кото́рой нет, ему́ ста́ло внутри́ о́чень пло́хо. Он вдруг по́нял, что э́та тётя ста́ла не то́лько реа́льной, но и уже́ сде́лала ему́ га́дость. Пра́вда, привы́чка выкру́чиваться всё же помогла́ ему́ вчера́.

— Ты права́, Люсёк. Извини́, я совсе́м не поду́мал. Хоте́лось побы́ть с тобо́й. Ну, наве́рное, не судьба́.

Услы́шав «не судьба́», Лю́ся улыбну́лась: «Ла́дно. Я давно́ что́-то в о́кна не ла́зила. Е́сли бу́дут пробле́мы, то вспо́мним ста́рое».

Комментарий

[1] Гершвин — Джордж Гершвин (George Gershwin) (1898–1937) — американский композитор.

Вопросы и задания

1. Объясните выражения: «между Митей и Люсей не было Марины», «для Мити Люся была живой женщиной», «кто преподнёс кому новый сюжет», «не женщина, а Третья мировая война», «посмотреть так, как смотрят врачи на больного», «больной, который хочет показать, что он абсолютно здоров».

2. Зачем Митя пришёл в тот вечер в «Аппарат»?

3. Режиссёром какого спектакля чувствовал себя Митя?

4. Почему Люся делала всё, что говорил ей Митя? Как бы вы поступили на её месте?

5. Что имела в виду Люся, говоря: «Я давно что-то в окна не лазила. Если будут проблемы, то вспомним старое»?
6. Выразите отношение к умению Мити выкручиваться.
7. Выразите отношение к фразам:
— Их отношения не были похожи на отношения между любовниками, потому что между ними не было Марины.
— Тётя обещала завещать квартиру. Теперь тётю надо любить.
— Зачем нищих рожать?

46

— Всё-таки вы óба бы́ли не прáвы, — сказáл Стас Ми́те.
— Ты о чём? — не пóнял Ми́тя.
— Я говорю́ сейчáс о том спóре с Гéнрихом. Вы óба не прáвы. Ты ведь говори́шь, что нам нужнá тради́ция?
— Я не говори́л, что нам нужнá тради́ция. Я прóсто говори́л, что жить в ми́ре, где есть тради́ция, прáвильней и прия́тней. Это как оснóва. А мир без такóй оснóвы как врéменное жильё, — отвéтил Ми́тя, хотя́ сегóдня емý не хотéлось говори́ть на серьёзные тéмы.
— Хорошó сказáл! Вот тóлько в однóм не прав: где онá, нáша тради́ция? Знáешь, я вот что тебé расскажý. Мой отéц был человéк, помéшанный на Зáпаде. Джаз, джи́нсы... Понимáешь? А я в этом вы́рос. Все игрáли «Суркá»[1], а я одни́м пáльцем — «It's All Right, Mama[2]». Фантасти́ческий мир совéтского Зáпада. Кстáти, в нём бы́ло мнóго свои́х тради́ций. К нам домóй отéц чáсто приглашáл людéй, котóрые в телогрéйках[3] и в джи́нсах. Мáма сажáла их чай пить, а они́ сýпа проси́ли. Абсолю́тные эстéты. Они́ месяцáми отклáдывали дéньги, чтóбы купи́ть буты́лку контрабáндного дешёвого ви́ски и организовáть прáздник. Это нáдо бы́ло ви́деть, как они́ открывáли эту буты́лку!.. Тишинá, глазá горя́т. Откры́в, дóлго спóрили, нужнá ли к ви́ски закýска. Оди́н цити́ровал Хемингуэ́я[4], другóй — Ремáрка[5]. Ругáлись. Ругáлись из-за этого! Мáма потóм их мири́ла. Отéц, не знáю где, достáл настоя́щую сигáру. Онá былá тóлстой, как огурéц. А как они́ потóм нáчали пить этот ви́ски! Со льдом! Я это пóмню!

И вот... И вот они́ пьют ви́ски... А ви́ски не ле́зет. Невку́сно пото́му́ что. Они́ ду́мали: ви́ски! Они́ допи́ли всю буты́лку, передава́я из рук в ру́ки сига́ру. Передава́ли сига́ру, как инде́йцы тру́бку ми́ра. И никто́ не сказа́л, что ви́ски — плохо́е. Ви́ски бы́ло са́мое дешёвое. Но никто́ ничего́ не сказа́л. Быва́ет...

Стас немно́го помолча́л, а пото́м продо́лжил:

— В девяно́сто пя́том году́ Би Би Кинг[6] приезжа́л. Оте́ц как узна́л, что он е́дет, про́сто сумасше́дшим стал. Бе́гает, кричи́т: «Стас! Как времена́-то измени́лись!» Реши́л съе́здить в Москву́ на э́тот конце́рт. Съе́здить — и умере́ть. Так и говори́л: «Съе́здить — и умере́ть!» Смотрю́ — ба́яна нет, а ведь всегда́ лежа́л на шкафу́. «Я, — сказа́л оте́ц, — его́ про́дал». Ви́жу, что настрое́ние у него́ ужа́сное. Ведь э́тот ба́ян ему́ мать подари́ла, когда́ ещё Ста́лин был жив. Де́ньги она́ на э́тот ба́ян до́лго копи́ла. Жи́ли-то бе́дно. Ба́ян — семе́йная рели́квия. Понима́ешь? Доба́вил я отцу́ де́нег, купи́л биле́т до Москвы́ и обра́тно. Пое́хал он. Прие́хал он отту́да пусто́й. Спра́шиваю: «Па́па, что там бы́ло? Как конце́рт?» Отвеча́ет ка́к-то стра́нно: «Конце́рт — замеча́тельный. Би Би Кинг — вели́кий». И всё! На сле́дующий день с крова́ти встать не смог. Через неде́лю у́мер... Успе́л рассказа́ть мне, как съе́здил. Он ведь мечта́л прикосну́ться к тому́, о чём всю жизнь бре́дил. А получи́лось всё не так. Прие́хал в Москву́. Биле́тов на конце́рт уже́ нет. Спекуля́нты все́ скупи́ли. Це́ны у спекуля́нтов — как в Нью-Йо́рке. Подхо́дит к нему́ его́ рове́сник — седо́й стари́к и говори́т, что смог купи́ть пригласи́тельный биле́т в клуб, где бу́дет петь по́сле конце́рта Би Би Кинг. Показа́л биле́т. За э́тот биле́т оте́ц все свои́ де́ньги ему́ о́тдал. Пришёл в клуб. Пока́зывает биле́т. А биле́т оказа́лся ненастоя́щим. Оте́ц попыта́лся в клуб всё-таки войти́. Получи́л от милиционе́ров дуби́нкой по спине́. Ему́ ста́ло пло́хо. До́лго лежа́л за угло́м до́ма, где клуб. Когда́ смог встать, то уви́дел, как Би Би Кинг выхо́дит из клу́ба по́сле своего́ выступле́ния и сади́тся в маши́ну. Вот так. Ви́дел, как Би Би Кинг в маши́ну сади́тся...

Появи́лась Лю́ся. Она́ была́ мра́чной и с опу́хшей щеко́й.

— От зубно́го. Не врач, а мясни́к! — е́ле проговори́ла она́.

119

Комментарий

[1] «Сурок» — известная песня Людвига ван Бетховена (Ludwig van Beethoven) (1770–1827), написанная в 1790 г. на стихи Иоганна Вольфганга фон Гёте (Johann Wolfgang von Goethe) (1749–1832).

[2] «It's All Right, Mama» — одна из популярных песен Элвиса Пресли (Elvis Aaron Presley) (1935–1977); «It's All Right, Mama» стало названием его первой пластинки.

[3] Телогрейка — (padded / quilted jacket) зимняя верхняя рабочая одежда в СССР; шьётся из хлопчатобумажной (cotton) ткани, утепляется ватой, а затем простёгивается (quit).

[4] Хемингуэй — Эрнест Миллер Хемингуэй (Ernest Miller Hemingway) (1899–1961) — американский писатель, лауреат Нобелевской премии (Nobel Prize) по литературе 1954 г.

[5] Ремарк — Эрих Мария Ремарк (Erich Maria Remarque) (1898–1970) — один из наиболее известных и читаемых немецких писателей XX века.

[6] Би Би Кинг — (B. B. King) (1925) — американский гитарист, певец, автор песен, которого поклонники именуют королём блюза (blues).

Вопросы и задания

1. Объясните выражения: «временное жильё», «человек, помешанный на Западе», «фантастический мир советского Запада», «глаза горят *у кого из-за чего*», «виски не лезет *в кого*», «трубка мира», «семейная реликвия», «цены у спекулянтов как в Нью-Йорке», «пригласительный билет», «Не врач, а мясник!».

2. Как вы понимаете фразу «фантастический мир советского Запада», в котором вырос Стас?

3. Выразите отношение к высказыванию: «Жить в мире, где есть традиция, правильней и приятней. Это как основа. А мир без такой основы как временное жильё».

4. Почему Стас продолжил разговор о традиции, начатый Генрихом и Митей несколько дней назад?

5. Что нового вы узнали о «западниках» в СССР? Что это за люди в телогрейках и в джинсах, приходившие к отцу, которых Стас назвал абсолютными эстетами?

6. Каково отношение Стаса к тому, что никто из приятелей отца не сказал правду, что виски плохое?

7. Почему Стас рассказал Мите историю о том, как отец съездил на концерт Би Би Кинга?

8. Почему Стас стал музыкантом?

47

Олег появился в «Аппарате» неожиданно. Сегодня здесь было много людей.

— Привет! О! Привет! — он начал здороваться со всеми как старый добрый знакомый. С мужчинами здоровался за руку, а всем женщинам целовал ручки. Пьяные девушки при этом смеялись. Олег всем улыбался.

— Веселимся, славяне? — обратился Олег к музыкантам.

«Пьяный, наверное», — подумал Митя.

Поведение Олега удивляло музыкантов. Но больше всех был удивлён Митя. Завтра с утра они должны были встретиться, чтобы идти, наконец, в ОВИР. Человек, уехавший в командировку в Чечню, вернулся. Митин паспорт лежит в особом сейфе и ждёт его.

— Как наши дела? — спросил Митя Олега. — Так мы идём завтра?

— Жрать хочу, — сказал Олег. — Есть тут что-нибудь пожрать?

— Завтра идём за паспортом?

— Нет. Не идём. Я поэтому и приехал. Знал, что ты здесь.

— Что опять случилось?

— Мне надо в область ехать. Командировка. Срочная. Один важный финансовый вопрос надо решить. Я просил другого отправить. Но... Некого. Бирюков сказал, что только я проблему могу решить. Ты извини, конечно.

— Может быть, я сам за паспортом схожу? Ведь его нужно только взять. Прийти и взять.

— Нет. Если было бы можно, то я тебе обязательно сказал. С тобой без меня там никто даже разговаривать не будет.

— Почему?

— А вдруг у тебя диктофо́н?

— А с тобо́й?

— Мо́жно! Я за тебя́ отвеча́ю. Всё о́чень серьёзно. Понима́ть до́лжен. Да не бо́йся ты! Ты же так до́лго ждал. Ещё немно́го подожди́. Гла́вное, что па́спорт уже́ офо́рмлен. Мы его́ обяза́тельно возьмём. Слу́шай, а как там твой сын за грани́цей? Взро́слый уже́, наве́рное? По́мню его́ совсе́м ма́леньким. А у тебя́ есть его́ фотогра́фия? Мо́жешь показа́ть?

Ми́тя почу́вствовал холо́дный пот. Он стал мо́крым, как бу́дто его́ то́лько что вы́тащили из воды́. Изо всех сил Ми́тя стара́лся сохрани́ть споко́йное выраже́ние лица́. Вдруг он почу́вствовал всей свое́й мо́крой ко́жей, что вокру́г тишина́. Почу́вствовал взгля́ды музыка́нтов. Почу́вствовал, как из темноты́ за́ла на него́ испу́ганно смо́трит Лю́ся.

Ми́тя ду́мал: «Глу́пый-глу́пый Ми́тя! Все слы́шали? Лю́ся слы́шала? Мо́жет, всё ка́к-то обойдётся? Мо́жет, полу́чится что́-то навра́ть? Я уже́ научи́лся врать. Я привы́к, я уме́ю».

— Где у тебя́ сын? Во Фра́нции? — продолжа́л Оле́г. — До ско́льких лет он с тобо́й был?

Ми́те всё ра́зом ста́ло безразли́чно. Он по́нял, что Оле́г так мно́го зна́ет о нём, потому́ что они́ учи́лись вме́сте. На факульте́те и в общежи́тии до́лго и мно́го говори́ли снача́ла о том, что Мари́на уезжа́ет с Кри́стофом, что она́ броса́ет семью́, а пото́м — что он оста́лся без Ва́ни. Оле́г всё говори́л и говори́л... Про общежи́тие, про Мари́ну. Поинтересова́лся, пи́шет ли Ва́ня. Ми́тя сиде́л кра́сный. Он не мог посмотре́ть на Лю́сю.

— Скоре́е бы уж э́ти вы́боры, — сказа́л Оле́г. — Весь день голо́дный бе́гаю.

— Ла́дно, ма́льчики, мне пора́ спать, — попроща́лась Лю́ся. Её го́лос звуча́л ро́вно и споко́йно.

— Приходи́ в пя́тницу. Я в пя́тницу верну́сь. Пока́, — произнёс Оле́г, поднима́ясь из-за стола́.

Ми́тя не пошёл провожа́ть его́. Он сиде́л и ду́мал, почему́ же он не идёт к Лю́се. Ми́тя объясни́л себе́, что уста́л и не мо́жет сейча́с свя́зно говори́ть. «За́втра, — сказа́л он себе́. — За́втра приду́ и всё ей расскажу́. И извиню́сь».

Вопросы и задания

1. Объясните выражение: «Веселимся, славяне?».
2. Почему поведение Олега вызвало удивление не только у Мити, но и у музыкантов? Выскажите предположение.
3. Что такого сделал Олег, что Митя почувствовал холодный пот и стал мокрым, как будто его только что вытащили из воды?
4. Выразите отношение к тому, как повела себя Люся, узнав, что Митя обманывал её.
5. Почему Митя не пошёл к Люсе? Правильно ли он сделал? Почему?
6. Как будут дальше развиваться отношения Мити и Люси?

48

Утром Митя лежал в своей съёмной квартире и смотрел в потолок. Он смотрел в потолок и думал о Люсе.

Люся его не простит, это понятно.

Он должен просить у неё прощения, это тоже понятно.

Так, что дальше?

Он решил, что надо подождать, потому что хороших мыслей пока нет. А сегодня он решил прогуляться, потому что у него был выходной.

Митя встал, собрался, вышел на улицу и сел в автобус. Через пару остановок из окна он заметил Олега. Это было странно, потому что тот говорил, что будет в пятницу. «Наверное, — подумал Митя, — он вернулся раньше». Какое-то время он пытался дозвониться до Олега, но его мобильник не отвечал. Митя решил поехать в штаб Бирюкова.

По дороге Митя вспомнил, как в шестнадцать лет он получил в отделении милиции свой первый советский паспорт. Что ему там говорили — не помнил. Помнил только, что расписался в его получении. Зато он хорошо запомнил вечер того дня. Вечером дед Ваня пришёл с работы, и ему сказали: «Твой внук паспорт получил».

— Ого! Покажи.

123

Митя отдал ему свой новенький паспорт. Взяв его, дед сказал:

— Поздравляю. Желаю, чтобы в нём не было даже одной пома́рки.

То́лько по́сле того́, как дед подержа́л па́спорт, посмотре́л все страни́цы и о́тдал, Ми́тя догада́лся, что «пома́рки» — это те за́писи, кото́рыми госуда́рство отмеча́ет ка́ждое отклоне́ние челове́ка от пра́ведной жи́зни: разво́ды, суди́мости.

— Да, постара́юсь, — отве́тил он, усмехну́вшись.

Что ж, Ми́тя постара́лся, как смог. Пома́рок о суди́мости у него́ нет. У него́ не́ было проблем с зако́ном. Но госуда́рство само́ реша́ет, с кем у него́ есть пробле́мы, а с кем с сего́дняшнего дня — нет. И, чтобы оказа́ться за черто́й зако́на, не обяза́тельно его́ наруша́ть. Игра́ гора́здо сложне́е, чем ка́жется. Неожи́данно ты мо́жешь оказа́ться вне зако́на.

Вот и штаб Бирюко́ва. Здесь, у шта́ба, Ми́тя вновь вспо́мнил о па́спорте с гражда́нством. Он закури́л и предста́вил себе́, как он возьмёт па́спорт в ру́ки, ска́жет кому́-то «спаси́бо», поднесёт па́спорт к лицу́ и ме́дленно вдохнёт его́ за́пах. А ещё он ско́ро войдёт в клан Бирюко́ва.

Докури́в, Ми́тя вошёл в штаб.

— Что вы хоте́ли? — обрати́лся к нему́ охра́нник.

— Оле́г Лаго́дин здесь, не зна́ешь?

Пе́рвый раз в жи́зни Ми́тя сказа́л «ты» челове́ку, кото́рый обрати́лся к нему́ на «вы».

— Не зна́ю. Кто э́то?

— Ты Оле́га и́щешь? — спроси́л како́й-то па́рень.

— Да.

— Заче́м он тебе́? Каки́е у вас с ним дела́?

Ми́тя не знал, что отве́тить. Он же не мог сказа́ть про па́спорт.

— Мо́жет, мы о ра́зных Оле́гах говори́м? Мне ну́жен Лаго́дин Оле́г, замести́тель Бирюко́ва.

— Так, — сказа́л па́рень. — Стано́вится интере́сно.

Он посмотре́л на охра́нника, взял Ми́тю за ло́коть и повёл по коридо́ру.

Вопросы и задания

1. Объясните выражения: «съёмная квартира», «отделение милиции», «расписываться/расписаться в получении *чего*», «отклонение от праведной жизни», «проблемы с законом», «за чертой закона», «вне закона».

2. Почему Митя назвал своего сына Ваней?

3. Каково было состояние Мити после того, как Люда и музыканты узнали правду о его личной жизни?

4. Почему Митя поехал в штаб Бирюкова?

5. Почему впервые в жизни Митя сказал «ты» человеку, который обратился к нему на «вы»?

6. Митя был законопослушным (law-abiding) гражданином? Почему?

7. Сделайте предположение, почему молодой человек сказал Мите, что «становится интересно»?

49

Они́ вошли́ в кабине́т Бирюко́ва. Па́рень продолжа́л держа́ть Ми́тю за ло́коть. Бирюко́в сиде́л за столо́м и внима́тельно чита́л како́й-то докуме́нт.

— Ва́дим Васи́льевич, разреши́те вас отвле́чь на мину́тку. Повтори́те то, что мне говори́ли.

Кандида́т в депута́ты продолжа́л чита́ть каку́ю-то бума́гу.

— Здра́вствуйте. Меня́ зову́т Дми́трий Вакула. Оле́г Лаго́дин, ваш замести́тель, до́лжен был говори́ть вам обо мне. Я пришёл к нему́, е́сли то́лько он сейча́с здесь. Моби́льный его́ почему́-то вы́ключен.

Бирюко́в встал, с удивле́нием посмотре́л на Ми́тю и бро́сил докуме́нт. Докуме́нт полете́л на́ пол.

— Вот кана́лья! Вот кана́лья! Ко́стя, — обрати́лся кандида́т к па́рню, — как ты мог сра́зу не поня́ть, кто он тако́й? Как ты мог не разгляде́ть?

— Винова́т, Вади́м Васи́льевич!

— Кака́я же кана́лья! Я с его́ отцо́м давно́ знако́м. Вот он и попроси́л, что́бы я его́ сы́на-безде́льника взял на рабо́ту. Хоть

125

листо́вки кле́ить. Ну? И что? У Валенти́ны Ива́новны де́ньги укра́л. Вчера́ пья́ный пришёл. Тепе́рь, ока́зывается, всем говори́т, что он мой замести́тель! Ну, кана́лья!

Кто́-то сказа́л за спино́й Ми́ти: «Тала́нтливый, чёрт!»

Ми́тя начина́л понима́ть то, что услы́шал сейча́с. Он по́нял, что всё-таки оста́нется здесь чужи́м. «Проща́й, — поду́мал Ми́тя, — моя́ несостоя́вшаяся кла́новая жизнь! Ты не для меня́! У дурако́в свой клан!» Всё фа́кты сложи́лись в Ми́тиной голове́ в еди́ную карти́ну. Карти́на получи́лась о́чень примити́вная. И он — дура́чок — в са́мом её це́нтре. Он стои́т в э́том це́нтре и тя́нет ру́ку к па́спорту, на кото́ром напи́сано: «Дура́к — граждани́н Вселе́нной!».

Бирюко́в поста́вил два кре́сла: себе́ и Ми́те. Ми́тя не знал, сади́ться и́ли уходи́ть.

— Да сади́сь, сади́сь, — Бирюко́в указа́л на кре́сло.

Ми́тя сел и не сра́зу реши́лся взгляну́ть ему́ в глаза́.

— Расска́зывай!

Ми́тя помолча́л и сказа́л:

— Что расска́зывать? Вы же догада́лись. Сказа́л, что ваш замести́тель. Обеща́л помо́чь с па́спортом. Мы вме́сте учи́лись. В о́бщем, ки́нул меня́.

— На ско́лько?

— На четы́реста до́лларов.

— Да-а-а... А что у тебя́ с па́спортом?

Ми́те опя́ть предстоя́ло объясни́ть, почему́ он переста́л быть граждани́ном Росси́и. У него́ уже́ давно́ есть коро́ткий, но дета́льный расска́з об э́том. Его́ он мно́го раз переска́зывал ра́зным лю́дям в ра́зных ситуа́циях в ра́зное вре́мя су́ток с ра́зным настрое́нием. Он вдруг по́нял, что не смо́жет ещё раз рассказа́ть свою́ исто́рию. Но всё-таки попро́бовал нача́ть:

— Я живу́ в Росто́ве с во́семьдесят седьмо́го го́да. Роди́лся я в Гру́зии, когда́ она́ была́ одно́й из сове́тских респу́блик.

На сло́ве «респу́блик» он останови́лся, поня́в, что да́льше расска́зывать не смо́жет. Не смо́жет, да́же е́сли у Бирюко́ва в столе́ лежи́т па́спорт на его́ и́мя и, что́бы получи́ть его́, ну́жно всё рассказа́ть как стишо́к в де́тском саду́.

Митя встал. Он заметил, как на него смотрят все находящиеся в комнате. Они смотрели с превосходством. В их глазах было самое страшное в сегодняшней жизни обвинение: «Лох!» «Да, — мысленно согласился с ними Митя. — Я — лох!»

— Я пойду, — сказал он.

— Как пойдёшь? — удивился кандидат. — Подожди, дорогой человек. Ты же сам ко мне пришёл. Рассказывай всё. Я же должен знать, что происходит на моей территории. Садись и рассказывай. Я тебе помогу. Эту каналью, которая моим добрым именем торгует, мне сюда приведут! В общем, я тебе обязательно помогу. Только не сейчас. Подожди немного, пока выборы пройдут. А с Олегом мы разберёмся.

Усмехнувшись, Митя бросил: «Извините!» — и пошёл к двери.

Вопросы и задания

1. Объясните выражения: «несостоявшаяся клановая жизнь», «факты сложились в голове в единую картину», «торговать *чьим* добрым именем».

2. Какие эмоции выражают в тексте реплики: «Вот каналья!», «Талантливый, чёрт!», «У дураков свой клан!»?

3. Чем у Бирюкова занимался Костя?

4. Почему Бирюков так эмоционально отреагировал на рассказ Мити об Олеге?

5. Почему работники Бирюкова с превосходством смотрели на Митю? Как это характеризует время и людей?

6. Почему Митя так и не смог рассказать свою историю Бирюкову?

7. Поможет ли Бирюков Мите после выборов? Вспомнит ли его? Почему?

8. Как Бирюков сможет разобраться с Олегом?

50

В суббóту Мúтя набрáлся смéлости и пошёл в «Аппарáт». Музыкáнты поздорóвались с ним как с чужúм, но вéжливо. Он пóнял, что дальнéйшего разговóра с нúми не бýдет. Люся поздорóвалась с ним так же, как и музыкáнты, но онá не былá прóтив общéния.

— Привéт! Кудá пропáл? — спросúла Люся.

Рáньше он, конéчно, отвéтил бы, что у Марúны бы́ли выходны́е. Онá никудá не выходúла из дóма, и емý пришлóсь быть с ней, чтóбы онá не подýмала, что у негó есть другáя жéнщина.

Когдá он шёл к Люсе, он готóвился к серьёзным объяснéниям. Но, сев перед ней за стóлик, срáзу пóнял, какáя тепéрь мéжду нúми огрóмная пустотá.

— Вот пришёл. Возьмú, — он положúл перед ней дéньги. — Спасúбо.

— У тебя же нé было, — удивúлась Люся, забирáя дóллары.

— Я у начáльника взял.

Онá не стáла спрáшивать, почемý он так скóро решúл вернýть дéньги. Мúтя пóнял, что объяснéний никакúх не бýдет. Онá прямо и спокóйно смотрéла Мúте в лицó. В глазáх её ничегó нé было. Глазá её спрятались под непроницáемыми мáсками.

Гéнрих игрáл на роя́ле. Люся сидéла к немý спинóй, но бýдто говорúла с Гéнрихом по телефóну: мéжду нúми шёл какóй-то неслы́шный диалóг.

Мúтя забы́л все вáжные словá. Éсли бы онá самá спросúла… Но Люся не спрáшивала. Онú посидéли, поговорúли ещё немнóго о вся́кой ерундé, и он ушёл.

С полпутú он вернýлся. Вернýлся, чтóбы сказáть глáвное. Хотя бы сказáть «простú». Он вернýлся, а Люся ужé началá рабóтать. Онá всегдá замечáла, когдá он входúл в «Аппарáт», но на э́тот раз онá егó не замéтила.

Вопросы и задания

1. Объясните выражения: «набираться/набраться смелости», «огромная пустота между *кем и кем?*», «прятаться/спрятаться под непроницаемыми масками», «неслышный диалог», «возвращаться/вернуться с полпути».
2. С какой целью Митя пришёл в «Аппарат»? Ему трудно было туда прийти? Почему?
3. Правильно ли повели себя музыканты по отношению к Мите? А Люся? Почему?
4. Что изменилось в Люсиной жизни после того, как она узнала правду о Мите?
5. Почему между Митей и Люсей была огромная пустота, а между Люсей и Генрихом — неслышный диалог?
6. Что главное хотел сказать Митя Люсе, вернувшись с полпути в «Аппарат»?
7. Почему Люся не заметила, что Митя вернулся в ресторан?

51

Митя ехал с Толиком по серому городу. Толик вёл свою старую «восьмёрку», а Митя смотрел в окно. Ему казалось, что зима опять вернулась. Раннее утро. Людей нет. Только редкие прохожие.

Мите было непросто рассказать Толику о том, что случилось. Он вообще не собирался никому об этом рассказывать. Но потом, сидя вдвоём с Толиком в комнате охраны, Митя вдруг взял и всё рассказал. Толик дослушал его, не рассмеялся, не назвал его лохом. Он просто многозначительно молчал.

Митя вспомнил, как однажды Толик тоже сделал ему одно неприятное признание. Перед этим признанием он недели две ходил мрачный и чуть не подрался с одним из охранников. А потом Толик признался Мите в том, что у него простатит, и он ходит на массажи.

Теперь эти две тайны крепко связали их. И, если Митя расскажет про простатит Толика, то Толик сразу расскажет, что Митя — паспортный лох.

— Ну что, хо́чешь проучи́ть па́рня? — наконе́ц спроси́л То́лик.

— На́до бы, — отве́тил Ми́тя, хотя́ зло́бы у него́ не́ было. Что́бы она́ появи́лась, он руга́л себя́, называ́л ло́хом, вспомина́л ра́зные унизи́тельные ситуа́ции. Наприме́р, как Лю́ся отдава́ла ему́ те са́мые четы́реста до́лларов. Он руга́л Оле́га после́дними слова́ми. Он проклина́л ско́тские поря́дки в ПВС. Руга́л депута́тов. Руга́л Рю́риковичей[1]. То есть руга́лся масшта́бно. Бесполе́зно. Зло́ба так и не появля́лась.

Он представля́л себе́, как встреча́ет Оле́га, как бьёт его́, как броса́ет в дека́брьскую грязь и в ней ещё до́лго его́ бьёт и бьёт. Ещё он мы́сленно облива́л дверь его́ кварти́ры бензи́ном и поджига́л её. Фантази́ровал, как его́ нож вхо́дит в живо́т Оле́га. В конце́ концо́в он по́нял, что ничего́ не сде́лает. Он не из тех, кто мо́жет э́то сде́лать. Потому́ что есть что́-то, что стои́т ме́жду его́ воображе́нием и реа́льностью. И он не мо́жет э́тому что́-то дать и́мя. Э́то что́-то живёт в кни́гах, в не́бе... Э́то что́-то вошло́ в па́мять вме́сте с ти́хими ба́бушкиными расска́зами. Оно́ входи́ло в него́ и тогда́, когда́ он лежа́л и пил жа́дными глаза́ми ле́тнюю ночь.

Но как же оно́ меша́ло, меша́ло, меша́ло!

Здесь и сейча́с не нужны́ кни́ги и звёзды. Здесь ничего́ не ну́жно, кро́ме во́лчьей нау́ки огрыза́ться. Огрыза́ться бы́стро и реши́тельно. Вокру́г тебя́ ста́и, кото́рые то́лько и хотя́т тебя́ сожра́ть как после́днего ло́ха. В э́той но́вой свобо́дной жи́зни нужна́ хоро́шая реа́кция, кото́рой у Ми́ти нет. Но смири́ться с ро́лью челове́ка-атави́зма Ми́тя не мог.

В ба́нке, в Росто́ве-на-Дону́, в стране́ на́до бы́ло не оставля́ть де́ло безнака́занным.

Коммента́рий

[1] Рю́риковичи — пе́рвая дина́стия ру́сских князе́й (862—1610), пото́мки леге́ндарного варя́га (= норма́нна) Рю́рика.

Вопросы и задания

1. Объясните выражения: «серый город», «вести старую "восьмёрку"», «многозначительно молчать», «сделать неприятное признание *кому*», «тайны крепко связали *кого*», «паспортный лох», «унизительная ситуация», «скотские порядки», «пить жадными глазами летнюю ночь», «волчья наука огрызаться», «роль человека-атавизма», «смириться с *чьей* ролью», «не оставлять безнаказанным *что*».

2. Почему Митя всё рассказал Толику? Правильно ли он сделал? Аргументируйте ответ.

3. Почему у Мити не было злобы, хотя он ругал всё и всех?

4. Каков мир в Митиной голове и в реальности? Как соединить два этих мира?

52

После того как Митя сказал Толику, что Олега надо бы проучить, Толик произнёс:

— Есть у меня один человек. Но ему ещё полгода сидеть. С другими — большой риск.

— Может, я сам? Мне главное разозлиться.

— Тебе нельзя! Он же тебя знает. У него есть ксерокс твоих документов. Ментам тебя даже искать не надо будет. И мне нельзя. А тот, про кого я говорю, только через полгода выйдет. А других у меня нет.

Говоря всё это, Толик включал в речь тюремную лексику. Мите она была понятна. Начав работать в охране, Митя будто сел в тюрьму. Все вокруг говорили и действовали по-тюремному. Впрочем, куда бы он ни приходил, везде рано или поздно возникало чувство тюрьмы. В автобусах и маршрутках звучали тюремные народные песни. Подростки возле домов собирались как опытные воры в законе. Незримая тюрьма, как грибница, прошла сквозь всю жизнь. То тут, то там появлялись грибы.

Правда, в какой-то момент Митя подумал, что в жизни что-то меняется. Их директор банка перестал приезжать в банк с пистолетом под свитером и стал солидным бизнесменом. Митя даже подумал: «Не всё так плохо. Болезнь, кажется, заканчивается».

Но вдруг Митя понял, что думает о том, кто бы мог проучить Олега. Причём он не думал, правильно это будет или нет. Он думал только о том, не будет ли у него новых, более серьёзных проблем.

А ещё он вспомнил, как пришёл работать в банк, который только открылся. Он стоял с другими охранниками, и его кольт всегда был готов к бою. Он очень хотел тогда быть своим парнем. Парнем, который может многое. Этот мир, в который он попал после аспирантуры, был более прост и ясен. И, главное, надёжен. А вот мир «Аппарата» был туманным и мрачным. С людьми из этого мира Митя чувствовал себя комфортней, но он никак не мог себе представить, что бы кто-нибудь из них решился пойти с ним к Олегу. В трудную минуту они оказывались совершенно бесполезными. С ними Митя был как в крепости, которую враг не может взять, но в которой закончилась еда и вода.

Вопросы

1. Объясните выражения: «сидеть *кому* ещё полгода», «включать в речь тюремную лексику», «говорить и действовать по-тюремному», «тюремные народные песни», «вор в законе», «незримая тюрьма прошла сквозь всю жизнь», «быть своим парнем».
2. Почему Митя решил проучить Олега?
3. Почему Толик так хорошо владел тюремной лексикой?
4. Почему Митя решил, что в жизни ничего не меняется, и тюремная грибница продолжает прорастать сквозь жизнь?
5. Чем люди из банка отличались от тех, с которыми Митя общался в «Аппарате»? К кому из этих людей Мите надо быть ближе? Почему?

Они приехали на место. Машину Толик оставил далеко от окон Олега.

— Я внизу останусь, — сказал он. — Ты меня тоже пойми. Мне к ментам нельзя. Ты знаешь, я никуда не уйду. Буду здесь.

— Я понял, понял.

— Если серьёзное что будет, я помогу. Но только в самом крайнем случае. Говори с ним спокойно. Уговори дверь открыть, но в квартиру не входи. Если надо будет, потом войдёшь. Если ситуация такая будет.

Митя вошёл в подъезд, открыв замок охотничьим ножом. Он его купил после встречи с пьяным прапорщиком. Толик ничего не сказал, но нож у Мити отобрал. Митя поднялся на нужный этаж. Вот дверь. Решимости не было. Митя позвонил. Через пару секунд он услышал, что кто-то подошёл к двери. Дверь не открылась. Митя позвонил ещё раз.

— Кто? — спросил тревожный женский голос.

— К Олегу. Олега позовите!

— Ушёл Олег, нет его.

— В шесть утра? Куда же? На утреннюю пробежку?

— Сейчас я устрою тебе пробежку! Сейчас я в милицию позвоню! — сказала женщина. — Ты что там, крутой такой? Людей пугаешь? Ментов не боишься, да? Так мне есть к кому обратиться! Понял?

У женщины, стоявшей за дверью, началась истерика:

— Разве Олег виноват, что ваш кандидат не победил? Разве виноват? Вы ему платили, а он всё честно делал. Он же не гарантировал вам, что сделает его депутатом! Что он мог гарантировать?

Митя раскрыл рот от восхищения: Олег сочинил идеальное алиби, он заставил её поверить в очередную ложь. Олег — гений обмана!

Митя вдруг понял, что у них с Олегом много общего. Они оба не могут без обмана. Им нужен обман. Без обмана у них всё рушится.

И почему́ и́менно Оле́г до́лжен был разру́шить его́, Ми́тин, обма́н, он то́же по́нял. Всё произошло́ по зако́нам, по кото́рым игра́ са́мого тала́нтливого новичка́ ру́шится, когда́ начина́ет игра́ть о́пытный игро́к.

Же́нщина, кото́рая крича́ла из-за двере́й, наве́рное, была́ его́ жена́. Но да́же жену́ Оле́г не сде́лал уча́стницей спекта́кля. Его́ игра́ была́ гора́здо умне́е, чем игра́ Ми́ти с Лю́сей. По́сле са́мого неуда́чного разви́тия ситуа́ции оста́лся тот, кто продолжа́л ве́рить ему́ и смотре́ть на него́ ла́сково.

— Ду́маете, вам всё мо́жно? Мы живём в свобо́дной стране́! — не могла́ останови́ться она́. — Он же до́лжен был тра́тить де́ньги! А вы как ду́маете? Тра́тил на ва́ши же дела́! Ну, так что тепе́рь, е́сли ва́шего кандида́та не вы́брали, так и де́ньги наза́д, а? И де́ньги наза́д?

— Вы, наве́рное, меня́ с ке́м-то пу́таете. Меня́ Ми́тя зову́т. Дми́трий.

— Да зна́ю я, кто ты! Что ты меня́ пуга́ешь! Поду́маешь, ва́жная персо́на! Е́сли ты замести́тель Бирюко́ва, так тебе́ всё мо́жно?

Ми́тя мы́сленно зааплоди́ровал. Он был восхищён тала́нтом Оле́га. Он постоя́л ещё немно́го и спусти́лся вниз.

Вопросы

1. Объясните выражения: «в самом крайнем случае *что де-лать/сделать*», «охотничий нож», «утренняя пробежка», «раскрыть рот от восхищения», «идеальное алиби», «гений обмана», «опытный игрок», «участница спектакля».
2. Кого ещё, кроме Мити, кинул Олег? Аргументируйте ответ.
3. Почему Толик отобрал у Мити охотничий нож?
4. Почему Толик опасался встречи с милицией?
5. Почему у жены Олега началась истерика и она не открыла дверь Мите?
6. Олега действительно не было дома? Аргументируйте ответ.
7. Как будут дальше развиваться события?

Когда́ Ми́тя всё рассказа́л То́лику, тот сказа́л: «Е́сли мы прие́хали, то мы не должны́ уе́хать, ничего́ не сде́лав». Зате́м То́лик куда́-то уе́хал, оста́вив Ми́тю у подъе́зда. Вско́ре он верну́лся с цвета́ми и то́ртом и сказа́л: «Идём!» Когда́ они́ подняли́сь на ну́жный эта́ж, То́лик пе́редал Ми́те торт и цветы́, подошёл к две́ри Лаго́диных и слома́л звоно́к. Взяв цветы́ и торт, он встал так, что́бы сосе́ди в глазо́к могли́ ви́деть то́лько коро́бку и буке́т, и позвони́л в дверь.

— Вам кого́? — спроси́ли за сосе́дской две́рью.

— До́брое у́тро, — на́чал То́лик душе́вным го́лосом. — Извини́те, что разбуди́ли. Мы к ва́шим сосе́дям. Хоти́м поздра́вить това́рища. Сюрпри́з сде́лать. У них же пра́здник. А тут каки́е-то сво́лочи звоно́к слома́ли.

Дверь сра́зу откры́лась, и Ми́тя уви́дел сосе́дку — же́нщину лет пяти́десяти. Она́ посмотре́ла на звоно́к: «И пра́вда, звоно́к слома́ли. Вот сво́лочи! О́ля то́лько что с ке́м-то разгова́ривала. Мо́жет, они́ слома́ли?»

— Не ду́маю. Мно́го вся́ких пси́хов хо́дит, — сказа́в э́то, То́лик продо́лжил: — А дава́йте вы им постучи́те в дверь, а мы в стороне́ постои́м. Они́ нас не ждут. Дава́йте сюрпри́з сде́лаем! А?

— Дава́йте, — кивну́ла сосе́дка. — Сейча́с дру́жба — така́я ре́дкость!

— Да, — согласи́лся То́лик. — Все гото́вы друг дру́га сожра́ть.

Со слова́ми «О́ленька, э́то я!» сосе́дка постуча́ла в дверь Лаго́диных. Зате́м оберну́лась и шёпотом поинтересова́лась: «А како́й у них пра́здник?»

Дверь откры́лась. То́лик сра́зу поста́вил но́гу так, что́бы её не могли́ закры́ть. Торт и цветы́ он бы́стро пе́редал сосе́дке. Та, схвати́в их, бы́стро исче́зла в свое́й кварти́ре.

— С Но́вым го́дом, с но́вым сча́стьем, — сказа́л То́лик го́лосом телеведу́щего, входя́ в кварти́ру Лаго́диных. — Так, О́ля, нам пробле́мы не нужны́. И ты себе́ пробле́м не создава́й. Мы поговори́ть пришли́.

Оля закричала. Толик ударил её в живот. Если бы Митя её не подхватил, то она упала бы. Толик скомандовал: «Закрой дверь!» Держа Олю, Митя закрыл дверь коленом. Пока Толик обходил квартиру, Митя втащил Олю в комнату, в которой стояли диван, стол и три стула. Ещё в ней стояли пустые банки, монитор, цветы в горшках, и валялись пачки из-под чипсов и газеты.

— Иди сюда! — позвал Толик.

Митя посадил Олю на диван и пошёл к нему. В комнате он увидел Олега, сидящего в странной позе. На Олеге была только рубашка, брюк на нём не было. Поверх была накинута простыня. Руки Олега были похожи на верёвки. Лица у Олега не было. Мите стало страшно, потому что лицо однокурсника не было похоже на лицо человека.

Митя понимал, что нужно повернуться и выйти. Но он продолжал стоять и внимательно разглядывать того, кто снова так цинично обманул его. «Обманул, — думал Митя. — И здесь обманул. Спрятался, гад. Наверное, укололся, когда я говорил с его женой».

— С ним бесполезно сейчас разговаривать, — сказал, выходя из комнаты, Толик, — он под хорошим кайфом.

— Что? — тихо переспросил Митя.

— О-о-о, брат, — усмехнулся Толик. — С такими нервами лучше дома сидеть. Телевизор будешь забирать?

— Что?

— Телек будешь забирать? Здесь больше взять нечего. Правда, телек старый, четыреста баксов не стоит. За него максимум двести дадут. Слушай, а как ты мог наркоману поверить?

— Что?

В дверь позвонили. Сначала услышали голос соседки: «Оленька!» — а затем послышались мужские голоса: «Откройте, милиция! Откройте!»

— Чёрт, не надо было соседку отпускать! — сказал Толик и обратился к Ольге: «Соседка не знает? Или знает?»

— Нет, — ответила она.

— С ментами уже были проблемы?

— Нет.

— Так. Открываешь и говоришь, что мы знакомые. Школьные друзья. Олег устал и спит. Мы ждём, пока он проснётся. Сегодня юбилей вашей свадьбы. Никакого заявления. Поняла? Ольга подошла к двери, а Толик с Митей сели на кухне. Они видели, как в квартиру сначала вошла с цветами и тортом соседка, а за ней два милиционера.

Вопросы

1. Объясните выражения: «душевный голос», «говорить/сказать голосом телеведущего», «руки, похожие на верёвки», «у кого не было лица», «быть под хорошим кайфом».
2. Выразите отношение к фразам:
— Если мы приехали по делу, то мы не должны уехать, ничего не сделав.
— Сейчас дружба — такая редкость!
— Все готовы друг друга сожрать.
— Наркоману верить нельзя.
3. Толик действовал как опытный преступник или как человек, увлекающийся детективами? Аргументируйте ответ.
4. Почему Толик сказал Мите, что с его нервами лучше дома сидеть?
5. Что имел в виду Митя, говоря себе, что Олег опять обманул его?
6. Правильно ли сделала соседка, что вызвала милицию? Аргументируйте ответ.

55

Ваня вспомнил про его день рождения только недавно.

— Алло, папа? Я должен сказать что-то. Извини, что не позвонил в день рожденья, — говорил, волнуясь, Ваня. — У меня в компьютере проблемы были. Понимаешь, он мне не сказал про твой день рожденья. Что-то с программой.

— Понятно.

— Не обижайся, ладно? Ты приезжаешь?

— Нет, сынок, не приезжаю.

— Почему? Из-за дня рожденья?

— Нет. Я не успеваю паспорт сделать. Я тебе напишу.

— А я тебе подарок купил. Я сам заработал.

Разговаривая с Ваней, он впервые позволил себе обидеться. Обидеться на то, что сыну о его днях рожденья напоминал компьютер. Обида оказалась вполне человеческим чувством. Она была не только приятной, но от неё ещё становилось легко на душе. Сказав «Я не приеду», Митя вдруг сам понял: он не едет. Вернее, не летит. Не будет хаоса аэропорта, не надо будет искать родное лицо, он не пожмёт Ванину руку, ставшую, наверно, уже мужской.

Всё как-то закончилось. После слов «не приезжаю» всё стало проще. Всё перестало вызывать даже малейшее волнение. И паспорт, и, соответственно, гражданство, которые теперь он мог получить согласно решению суда, стали рутиной. Хлопотной, но необходимой.

Вообще событий в последнее время было много. Вот и сегодня их немало. Во-первых, он отдал долг. Во-вторых, он только что уволился из банка и почувствовал свободу — свободу безработного. Он ещё не знает, какую будет искать работу, но в охране точно никогда больше работать не будет. Правда, он не знает никакой другой работы, кроме как ходить с пистолетом и открывать дверь, встречая начальника.

Когда он выходил из банка, Толик спросил его: «Чем займёшься?»

— Не знаю, но что-нибудь придумаю.

— Ты же университет закончил! Можешь пойти в крутой магазин продавцом или в «Регату»[1] грузчиком. Они только с высшим образованием берут.

Выйдя из банка, Митя направился в суд. Там ему надо было получить решение суда.

Митя дошёл до перекрёстка и остановился. Мимо проехала машина с открытыми окнами. В ней он заметил Олега, сидящего на заднем сиденье. Глаза его были закрыты. Олег сидел в той же позе, что и тогда, когда был под кайфом. Рядом с ним сидел пожилой мужчина. Он, казалось, уже без всякой надежды гляде́л на Оле́га и что́-то ему́ говори́л. «Его́ оте́ц», — догада́лся Ми́тя.

Ни Оле́г, ни Бирюко́в Ми́тю бо́льше не интересова́ли. Бо́лее того́, ему́ соверше́нно не́ было жа́лко четырёх со́тен до́лларов. Они́ — са́мая ма́лая пла́та за столь це́нную нау́ку. Ми́тя вспо́мнил, как впервы́е пришёл в суд. Люде́й там бы́ло мно́го. Ми́тя за́нял о́чередь, сел и стал ждать. Что́бы бы́ло не ску́чно, он реши́л понаблюда́ть. Наблюда́я, он по́нял мно́гое.

Комментарий

[1] «Рега́та» — гру́ппа компа́ний в Росто́ве-на-Дону́, занима́ющихся произво́дством и прода́жей алкого́льной проду́кции.

Вопросы

1. Объясни́те выраже́ния: «пробле́мы в компью́тере», «ста́ло легко́ на душе́», «ха́ос аэропо́рта», «пожа́ть *чью* ру́ку», «получи́ть *что* согла́сно реше́нию суда́», «круто́й магази́н».
2. Почему́ Ми́тя оби́делся, разгова́ривая с Ва́ней? По́нял ли сын причи́ну оби́ды отца́? Почему́?
3. Почему́ по́сле слов «Я не приезжа́ю» Ми́те ле́гче ста́ло на душе́?
4. По́сле реше́ния суда́ получе́ние па́спорта ста́ло рути́ной, а чем бы́ло до э́того?
5. Каки́е измене́ния произошли́ в жи́зни Ми́ти? Почему́?
6. За каку́ю це́нную нау́ку, по мне́нию Ми́ти, он заплати́л са́мую ма́лую пла́ту?

56

Он по́нял, наприме́р, как устро́ен госуда́рственный челове́к. А ещё он по́нял, что ха́мство госуда́рственных люде́й — ха́мство не приро́дное. Их ха́мство — э́то церемо́ния обще́ния госуда́рства с челове́ком.

«Вот она́, си́ла тради́ции, — ду́мал Ми́тя, гля́дя на де́вушек, рабо́тающих в суде́. — Э́то бессме́ртно. Никака́я револю́ция ничего́ не изме́нит. Э́тот просто́й спо́соб обеспе́чивает контро́ль над все́ми э́тими недово́льными людишками. Е́сли их не контроли́ровать, то они́ покуса́ют. Причём покуса́ют си́льно. Всё отберу́т! Поэ́тому людишки должны́ знать своё ме́сто в Госуда́рстве! На ме́сто им на́до ука́зывать, ина́че они́ не понима́ют, где оно́. Людишки всему́ ве́рят! Они́ и сейча́с ду́мают, что тепе́рь демокра́тия! Пра́вда, вспомина́ют её тогда́, когда́ что́-то не в их по́льзу! Осо́бо сле́дует уде́рживать таки́х, как я. То есть искале́ченных боже́ственной ру́сской литерату́рой. Таки́е уже́ второ́й век выда́вливают из себя́ по ка́пле раба́. Потому́ что е́сли дать нам во́лю, то мы так и бу́дем выда́вливать по ка́пле да́льше, страда́я и безде́льничая. Пройдёт ещё па́ра столе́тий, а мы так и не найдём, чем же замени́ть э́того вну́треннего раба́, чем вы́травить его́. То́лько и остаётся, что ткнуть ка́ждого мо́рдой в ка́ку, заста́вить глаза́ винова́тые подня́ть, присмотре́ться, на каку́ю высоту́ он га́вкает».

Ми́тя наблюда́л за де́вушками и ду́мал, что они́ уже́ мно́гому здесь научи́лись, но ещё до конца́ не ста́ли госуда́рственными. Они́ прохо́дят здесь уче́бную пра́ктику. Они́ ещё чу́вствуют, что за окно́м весна́, мо́жно наде́ть лёгкую весе́ннюю оде́жду, пойти́ по у́лице, ловя́ и счита́я мужски́е взгля́ды. А тут стару́хи, сканда́льные сосе́ди, истцы́, отве́тчики, нет во́здуха. Де́вушки оформля́ют реше́ние суда́, скла́дывают докуме́нты по па́пкам, выдаю́т ко́пии. Они́ пока́ не научи́лись говори́ть «ты», но уже́ научи́лись сра́зу не отвеча́ть на вопро́сы, де́лая вид, что тебя́ они́ да́же не ви́дят, потому́ что занима́ются с докуме́нтами. В сло́жных ситуа́циях к ним на по́мощь прихо́дит молода́я да́ма, сидя́щая в да́льнем углу́ кабине́та. Она́ выраста́ет в це́нтре ко́мнаты и мо́щным госуда́рственным го́лосом сра́зу остана́вливает тебя́.

...Ми́тя подошёл к зда́нию суда́. Перед тем как войти́ в него́, он реши́л, что сего́дня не бу́дет сде́рживаться. Негро́мко, но чётко он обрати́лся к де́вушке, де́лающей вид, что не ви́дит и не слы́шит его́:

— И всё-таки скажи́те, почему́ на́ше обще́ние скла́дывается так? Е́сли зако́н — го́лос госуда́рства, то почему́ оно́ обща́ется с на́ми таки́м о́бразом?

Она повернула к нему голову.

— Почему, — продолжил он, — вы смотрите на меня как на грязь? У меня, кстати, высшее образование. А у вас его нет. Я говорю на правильном русском языке, а вы вон «не имеет» слитно написали.

Девушкам, сидящим за другими столами, стало смешно. Молодая дама, сидящая в дальнем углу, равнодушно смотрела в окно, так как не хотела заниматься этой ерундой.

Девушка отомстила. Она не отдала документы до обеда, а после обеда, взяв какие-то бумаги, куда-то ушла. Раньше бы Митя нервничал и, возможно, даже посканда́лил бы. Его наверняка бы выгнали из суда. А теперь он спокойно сидел в кресле, ждал, ничего не делал, и ему это нравилось. Он теперь никуда не спешил.

Вопросы

1. Объясните выражения: «хамство — не природное», «церемония общения», «сила традиции», «знать своё место, «указывать/указать *кому* на место», «*что* не в *чью* пользу», «искалеченный божественной русской литературой», «выдавливать из себя по капле раба», «внутренний раб», «ткнуть *кого* мордой в каку», «понимать/понять, на какую высоту *кто* гавкает», «смотреть *на кого* как на грязь».

2. Хамство государственных людей — хамство не природное? Почему?

3. Хамство государственных людей — это церемония общения государства с человеком. Вы согласны? Аргументируйте ответ.

4. Сила традиции — в государственных людях. Вы согласны? Аргументируйте ответ.

5. Каким должен быть государственный человек?

6. Вы согласны, что русская интеллигенция искалечена божественной русской литературой? Почему?

7. Чем или кем русской интеллигенции заменить внутреннего раба?

8. Каким образом государственный человек может отомстить посетителю? Что надо делать, чтобы государственный человек быстро и точно выполнил свои обязанности?

57

Митя сиде́л и ждал. Он вспомина́л тот день, когда́ с То́ликом так неуда́чно сходи́л в го́сти к Оле́гу. Менты́ забра́ли их в отделе́ние мили́ции. Отту́да их вско́ре вы́пустили, и они́ пошли́ пить. Они́ оказа́лись в той забега́ловке, где когда́-то Ми́тя повстреча́л Гайава́ту и получи́л по лицу́.

Войдя́ в забега́ловку, Ми́тя сра́зу уви́дел Гайава́ту. Он сиде́л одино́ко за сто́ликом и смотре́л в пусто́й стака́н. Гайава́та был в тех же пиджаке́ и ма́йке с на́дписью «The True American»[1]. Заме́тив Ми́тю, Гайава́та ра́достно махну́л руко́й.

— Знако́мый? — удиви́лся То́лик.

— Ме́стный вождь, — сказа́л Ми́тя, идя́ к сто́лику Гайава́ты.

Втроём они́ бы́стро напили́сь. Ли́ца То́лика и Гайава́ты ста́ли для Ми́ти одни́м лицо́м, кото́рое пла́вало в дыму́ то вверх, то в сто́роны, пото́м па́дало вниз и разбива́лось на два: лицо́ То́лика и приближа́ющееся лицо́ Гайава́ты. В оди́н из таки́х моме́нтов Ми́тя расслы́шал, что ему́ говори́л «инде́ец»:

— Молчи́... Я тебе́ про па́спорт говорю́.

Ми́тя не по́мнил, когда́ он успе́л рассказа́ть Гайава́те свою́ исто́рию: в про́шлый раз и́ли в э́тот. Он посмотре́л на вождя́ с интере́сом.

— Слы́шишь, что тебе́ говорю́? Слы́шишь меня́? Внима́тельно! Коро́че, есть у меня́ знако́мый. Вме́сте рабо́таем. Узбе́к. Он — как ты. Давно́ здесь живёт. Норма́льный граждани́н! Так он пошёл в суд. Там реши́ли вы́дать ему́ па́спорт. Вы́дали! По́нял? Бо́гом кляну́сь! На той неде́ле обмыва́ли. Так он ведь узбе́к! Хо́чешь, я тебя́ с ним познако́млю?

Пья́нка зако́нчилась, но про узбе́ка Ми́тя кре́пко запо́мнил.

У́тром он просну́лся, подошёл к зе́ркалу, постоя́л у него́, посмотре́л-посмотре́л и пошёл с больно́й голово́й в райо́нный суд. Там ему́ посове́товали пойти́ к адвока́ту, соста́вить иск, иска́ть двух свиде́телей, кото́рые бы подтверди́ли, что он живёт в Росси́и с девяно́сто второ́го го́да.

— Не подска́жете, где адвока́та найти́? — спроси́л Ми́тя.

Ему́ показа́ли на челове́ка, кото́рый стоя́л у двере́й. Челове́к, уви́дев жест, внима́тельно посмотре́л на Ми́тю. Ми́тя подошёл к нему́, и они́ вы́шли на у́лицу.

— Мне иск ну́жно соста́вить. По по́воду гражда́нства. У меня́ вкла́дыша нет, — сказа́л Ми́тя, стара́ясь не замеча́ть си́льную головну́ю боль.

— Поня́тно. Идём ко мне в о́фис, тут за угло́м. Дел на пять мину́т.

— А ско́лько э́то сто́ит?

— Пятьсо́т.

— Нет, я в друго́й раз приду́. У меня́ сто́лько сейча́с нет, — сказа́л Ми́тя.

— А ско́лько есть?

— Три́ста пятьдеся́т.

— Идёт!

Иск действи́тельно был гото́в через пять мину́т. Через де́сять Ми́тя сно́ва был в суде́. Он сел и стал ждать, когда́ верне́тся рабо́тник, кото́рый принима́ет и́ски.

Комментарий

[1] The True American — (англ.) и́стинный, настоя́щий америка́нец.

Вопросы

1. Объясните выражения: «местный вождь», «нормальный гражданин», «дел на пять минут».
2. Почему Митя с Толиком пошли пить?
3. Почему Митя хорошо запомнил историю про узбека?
4. Почему Мите удалось так быстро оформить иск?

58

Подошёл человек интеллигентного вида с бородкой и сел рядом с Митей. Вскоре он спросил: «У вас тоже гражданский иск?» Получив ответ, он сообщил, что находится здесь по делу своего клиента, и дал визитку. Рассказав о деле своего клиента, он поинтересовался, по какому делу здесь Митя. Митя рассказал всё как есть. Рассказал потому, что у него было хорошее настроение после того, как он за полцены быстро оформил иск.

— Дело, такое же, как у вас, я недавно вёл, — сказал человек с бородкой. — Да. Было такое дело. Мы его выиграли. Позвольте спросить, вас представляет кто-нибудь или вы сами будете защищать свои интересы в суде?

— Сам.

— Не хочу вас расстраивать, молодой человек, но у вас вряд ли что получится.

— Почему?

— Без денег ничего не будет.

— И сколько это стоит?

— Пять тысяч.

— Пять тысяч? Рублей?

— Конечно, рублей. Это судье. И адвокату, который всё это сделает. А ещё официальная оплата. Две тысячи.

Если бы у Мити было сейчас семь тысяч, то он не стал бы их тратить на гражданство. Теперь это было ни к чему. Мужчина с бородкой продолжил:

— Если для вас это дорого, то давайте так: судье — пять, а мне столько, сколько не жалко...

Вот и сегодня, когда Митя уже пришёл за положительным решением суда, этот адвокат с бородкой был здесь. Он то бегал по коридору, то садился рядом с кем-нибудь и начинал разговор.

Наконец, адвокат заметил Митю и, похоже, сразу догадался, что тот выиграл суд и пришёл за решением суда. Теперь он поглядывал на Митю дружелюбно и с иронией. Митя же думал, что он уже не лох, потому что смог убежать от этого охотника за лóхом! Он пóнял, что, éсли бы дал э́тому адвокáту дéньги, то в слу́чае положи́тельного решéния он бы сказáл: «Ви́дите. Я обещáл и всё сдéлал!» Éсли бы отвéт был отрицáтельным, то он бы извини́лся, сказáв, что судья́ дéнег не взял, и верну́л бы их.

«Гóсподи! — удиви́лся Ми́тя. — Как мнóго нарóду вокру́г э́той корму́шки желáет получи́ть свой кусóк! Маши́на! Для когó-то — трагéдия и униже́ние. Для когó-то — хорошó рабóтаю-щий би́знес. И кáждая бу́ква в кáждом закóне кóрмит когó-то. И éсли вдруг э́то перестáнет быть так?»

Ми́тя не замéтил, как верну́лась дéвушка, котóрая зани-мáлась егó докумéнтами. Онá позвалá егó по фами́лии. Он на-прáвился к ней. Други́е дéвушки ужé закрывáли космети́чки, шкафы́ и сéйфы и собирáлись домóй. Он получи́л решéние судá.

Вот и всё.

Вопросы

1. Объясните выражения: «человек интеллигентного вида», «рассказать всё как есть», «оформить *что кому* за полцены», «представлять *чьи* интересы в суде», «защищать свои интересы в суде», «*кому что* было ни к чему», «положительное решение суда», «охотник за лохом», «каждая буква в каждом законе кого-то кормит».

2. Почему адвокат с бородкой подсел к Мите и начал с ним раз-говор?

3. Почему Митя понял, что он уже не лох?

4. Почему Митя назвал законы кормушкой?

5. Митя сразу получил решение суда? Почему? Девушка, вы-дающая документ, нарушила какой-либо закон? Почему?

Во дворе́ суда́ Ми́тя уви́дел птиц, кото́рые вели́ бой за кусо́к хле́ба. Он пошёл в сто́рону до́ма. Идти́ бы́ло далеко́, и э́то его́ ра́довало.

У́лица зако́нчилась. От неё расходи́лись два переу́лка. Ми́тя вы́брал тот, над кры́шами кото́рого он заме́тил большо́е зелё-ное де́рево — я́ркое зелёное о́блако. Во́зле ближа́йшего до́ма он уви́дел буты́лки с ма́слом, вы́ставленные на прода́жу. Ми́те показа́лось, что внутри́ э́тих буты́лок бы́ло не ма́сло, а со́лнце, взя́тое в плен. Пока́ он шёл, э́то со́лнце сле́довало за ним. Ми́мо прое́хал ма́льчик на ста́ром велосипе́де. Ми́тя посмотре́л на него́ и реши́л, что перее́дет жить к ма́тери. Пройдя́ ещё немно́го, Ми́тя по́нял, что де́рево — в друго́м переу́лке. Он реши́л не возвраща́ться, а идти́ да́льше. Дойдя́ до ста́рого забо́ра, он останови́лся. Посмотре́л за забо́р. За забо́ром — ма́ленькое о́зеро, а на его́ противополо́жном берегу́ сиди́т Лева́н и смо́трит перед собо́й незря́чим взгля́дом.

Ми́тя сел на ста́рый пень и положи́л перед собо́й суде́бное реше́ние. Све́рху прикры́л его́ ка́мешками. Поднёс ладо́нь к но́су и поню́хал. Среди́ весны́ запа́хло осе́нними ли́стьями.

— Ха! — сказа́л Ми́тя свое́й па́хнущей о́сенью ладо́ни.

Лева́н сиде́л так, ви́димо, давно́. Он сиде́л, подста́вив лицо́ со́лнечному све́ту и слу́шая шум автомоби́лей.

Ми́те нра́вилось сиде́ть и любова́ться дере́вьями. По́сле э́того он всегда́ испы́тывал тако́е же чу́вство, кото́рое остаётся, когда́ хорошо́ поговори́шь с челове́ком. Но э́то бы́ло давно́. С тех пор у него́ бы́ло мно́го дел. Вот, наприме́р, получе́ние гражда́н-ства. Пока́ Ми́тя его́ получа́л, он совсе́м разучи́лся любова́ться дере́вьями. Он их да́же не ви́дел.

Ми́тя посмотре́л на Лева́на и кри́кнул ему́: «Дождали́сь весны́!»

Стари́к вздро́гнул, приложи́л к у́ху ру́ку и, сообрази́в, о чём речь, согла́сно кивну́л.

Ми́те о́чень захоте́лось кури́ть. Впервы́е захоте́лось с тех пор, как он бро́сил кури́ть. Он закури́л, но не почу́вствовал привы́чного вку́са табака́. Он ещё раз сде́лал затя́жку.

— Ничего, — сказал он. — Один раз не считается.

Он подумал, что, наверное, так говорил и Олег, когда кто-нибудь давал ему наркотик. Когда Олег стал наркоманом? После университета, когда он оказался в новой свободной жизни, которая не оставила ему свободы быть прежним? Или недавно? Тогда, когда заметил, что в новой жизни он хорошо устроился, правда, заплатив за это слишком дорого, и у него не осталось сил пользоваться этой жизнью?

От сигареты начало тошнить. Митя её не выбросил, потому что нужно было что-то делать. Он посмотрел на сигарету и сказал: «Чёрт!»

Митя только что сказал себе правду. Правда была в том, что он — предатель. «Чёрт! Чёрт!» — повторил он.

Он подумал, что было бы хорошо, если бы Люся презирала его. Это был бы выход. Теперь уже и не понять, кого он предал, предав Люсю, друга или любовницу. Наверное, любовницу. Как, оказывается, ужасно быть пойманным женщиной, которой врёшь, на месте преступления. И ещё ужаснее позволить ей узнать, что её тело нужно было только для того, чтобы думать о другой.

Митя снова затянулся.

Да, он сумел сделать с ней то, что сделал: предавать для него просто.

Он начал с того, что предал того юношу, который собирался завоевать радость. Но, как только он понял, что за радость надо драться, она перестала его интересовать. И он спрятался туда, где всегда прячутся слабые, которым нужна не победа, а утешение.

Он предал себя, когда пошёл работать охранником в банк. Он тихо просидел там те самые годы, когда мужчина должен работать, воевать, творить или хотя бы погибнуть. Пустые годы. Они прошли как один день.

Он предал страну, в которой собирался любить и растить своего ребёнка. У него не было даже смелости сделать что-то по-своему. Он не остановил то, что мерзко. И когда ему сказали: «Будет так», — скривился и молча ушёл в угол. И когда страну́ изнаси́ловали, сказа́л: «Вот су́чка!» Пре́дал её, когда́ боле́знь назва́л судьбо́й. Пре́дал её, когда́ не уви́дел ра́зницы ме́жду ру́сским и ха́мом, говоря́щим по-ру́сски. Пре́дал, когда́ шу́лерские хи́трости призна́л за пра́вила игры́.

Была́ возмо́жность поня́ть, был срок, что́бы стать си́льным. Не стал. Пре́дал, поду́мал — и пре́дал ещё раз.

И преда́в, расстро́ился, что пло́хо себя́ чу́вствует.

Ми́тя посмотре́л на противополо́жный бе́рег. Старика́ уже́ почти́ не́ было ви́дно в весе́нней зе́лени...

— Я винова́т, стари́к, — сказа́л Ми́тя. — Я винова́т.

Вопросы

1. Объясните выражения: «вести бой за кусок хлеба», «взятый в плен», «незрячий взгляд», «один раз не считается», «быть пойманным женщиной», «место преступления», «пустые годы», «молча уйти в угол», «шулерские хитрости», «правила игры».

2. Почему Митя решил пойти по переулку, в котором росло дерево?

3. Почему Митя увидел Левана?

4. Что имел в виду Митя, говоря, что они дождались весны?

5. Почему Леван понял Митю?

6. Выразите своё отношение к высказываниям:

— Любоваться деревьями — то же самое, что хорошо говорить с человеком.

— Молодость не уходит после университета, когда оказываешься в новой свободной жизни, поэтому можно остаться прежним.

— Ничего особенного, если женщина понимает, что ты ей врёшь.

— Ужасно, когда женщина узнаёт, что она была нужна для того, чтобы думать о другой.

— За радость надо драться.

— Мужчина, пока он молод и силён, должен работать, воевать, творить или хотя бы погибнуть.

— Между русским и хамом, говорящим по-русски, разницы нет.

7. Кого предал Митя? В чём он виноват?

Вы познакомились с романом Дениса Гуцкого «Русскоговорящий». Ответьте на следующие вопросы:

1. Почему автор сделал своим героем тридцатитрёхлетнего молодого мужчину, лучшие годы которого (десять лет!) прошли в банке, где он работал охранником?

2. Почему автор ни разу не назвал героя полным именем «Дмитрий»?

3. Можно ли назвать поступком то, что Митя признался сам себе в том, что он предал и страну, и себя, отступив, промолчав, приняв всё, как есть? Почему? Что ему даёт понимание того, что он предатель? Как это изменит его жизнь?

4. Разрушается ли личность, когда родина пребывает в состоянии глубокого кризиса? Как?

5. Разрушается ли культура, традиции, обычаи, картина мира, ментальность и менталитет народа, когда страна находится в глубоком кризисе? Как?

6. Как человеку, воспитанному в другой культуре, начинать жить на новом месте: а) в благополучной стране? б) в стране, находящейся в кризисе?

7. Как, интегрируясь в современную жизнь, сохранить себя и культуру своего народа?

8. Нужна ли человеку родина? Аргументируйте свой ответ.

9. Один из героев фильма «Брат — 2» (режиссёр С. Бодров) говорит: «Сегодня родина там, где задница (bottom, bum, butt) в тепле». Выразите своё отношение к этой фразе.

10. Согласны ли вы с тем, что обрести родину значит обрести себя? Аргументируйте ответ.

11. В результате демократических и экономических изменений многие люди возвращаются на свою историческую родину. Как принять родину, которая в мечтах была лучше, чем оказалась в реальности?

12. Как должна встречать своих детей историческая родина?

13. Миллионы бывших советских людей были вынуждены поменять место жительства, профессию, язык, среду и доказывать своё право на биологическое существование. Были ли подобные проблемы в истории вашей страны? Как люди их решали?

14. Помогает ли глобализация интеграции в современную жизнь? Как?

15. Помогает ли толерантность интегрироваться в современную жизнь? Как?

Словарь

А
áлиби (53)
атави́зм (51)
атáка (6)

Б
бак (19)
бáрхатный (20)
батарéя (13)
баю́н (46)
(беси́ть/) взбеси́ть
кого? кто? что?
(19)
блуждáть (НСВ) *где?*
(30)
бритоголóвый (1)
бульдóг (31)
бычóк (19)

В
валя́ться (НСВ) (54)
верáнда (20)
вертéть (НСВ) *чем?*
перед кем? (28)
видеосалóн (43)
ви́ски (46)
вклáдыш (3)
вождь (57)
(врывáться/)
ворвáться *куда?*
к кому? (25)
вокáл (24)
Вселéнная (49)
выдáвливать
(/вы́давить) *кого?*
что? откуда? (56)
выкру́чиваться
(/вы́крутиться)
(45)
(высвобождáться/)
вы́свободиться (39)

(вытрáвливать/)
вы́травить *кого?*
откуда? (56)
выть (7)

Г
гáвкать (НСВ)
на кого? на что?
(56)
гадáть (/погадáть)
кому? на чём? (25)
гáдость (45)
гладиáтор (27)
глазóк (54)
горшóк (54)

Д
дáйвинг (10)
двóечница (31)
диктофóн (47)
дуби́нка (46)
дурáк (7)
дух (20)

Е
ерундá (18)

Ж
жечь (/сжечь) *кого?*
что? (8)
жирáф (7)
жрать/пожрáть (47)

З
забегáловка (1)
заблуди́ться (СВ) *где?*
(41)
зад (21)
замáшка (18)
зану́да (23)

запрóс (3)
затя́жка (32)
(захлёбываться/)
захлебну́ться *чем?*
(14)

И
извнé (40)
изнаси́ловать (СВ)
кого? (59)
иск (57)
искалéченный (56)
истéрика (8)
истéц (56)

К
казни́ть *кого? за что?*
(22)
кайф (54)
кáка (56)
канáлья (49)
кáпля (56)
карнавáл (6)
кáторга (11)
клáдбище (21)
клан (44)
клéтка (27)
кля́сться (/покля́сть-
ся) *кому? в чём?*
(57)
кóдекс (23)
козёл (31)
корми́лица (26)
корму́шка (58)
(криви́ться/)
скриви́ться
от чего? (59)
кру́то (18)
кудря́шка (24)

ТАБЛИЦА ПЕРСОНАЖЕЙ

Персонажи с именем

Имя / формы имени (по алфавиту)	Кто он/она	Номер текста, в котором рассказывается о нём. Информация о персонаже (заполняется учащимися)
баба Зина/Зинка/Зина	хозяйка первой квартиры, которую снимал Митя	
Бирюков Вадим Васильевич	кандидат в депутаты, генеральный директор	
Валентина Николаевна	мамина подруга, уборщица, тётя начальника ПВС	
Ваня/Ванька/Ванечка	Митин сын	
Витя	музыкант группы, в которой поёт Люся	
Гайавата	Митин сосед за столиком в забегаловке	
Генрих	музыкант группы, в которой поёт Люся; бывший её любовник	
Женечка	студентка группы, в которой учились Митя и Марина	

Карина Багратионовна	подруга Митиной мамы в Грузии
Костя	помощник Бирюкова
Кристофер	муж бывшей жены Мити
Леван	сосед Мити по дому в Тбилиси
Люся/Люська/Люда	любовница и друг
Марина	бывшая жена Мити
Митя	главный герой
Николай Николаевич	начальник Ворошиловской ПВС
Олег Лагодин	бывший однокурсник
Оля	жена Олега Лагодина
Рызенко Михаил Юрьевич	председатель правления банка, в котором Митя работает охранником
Светлана Ивановна	мама Мити
Сергей Сергеевич	декан факультета, на котором учился Митя
Сергей Фёдорович	начальник ПВС, племянник подруги Митиной мамы

Стас	музыкант группы, в которой поёт Люся
Толик	коллега Мити, охранник банка
Тоня	одна из любовниц Шурупа
Шуруп	вор

Персонажи без имени

Кто он/она	Номер текста, в котором рассказывается о нём. Информация о персонаже (заполняется учащимися)
бабушка Мити; пенсионерка	
бритоголовые	
грузинский милиционер	
девушка — работник суда	
дежурный милиционер	
жители Филимоновской улицы	
инспектор ПВС по гражданству	
мать Люськи	
мент — сын хозяйки одной из квартир, которую снимал Митя	
милиционеры	
мужичок из «восьмёрки»	
отец Стаса	
паспортистка в паспортном столе ЖЭУ	
пьяный прапорщик	
сержант милиции Ворошиловской ПВС	
человек в синем берете	
человек, представившийся Мите адвокатом	

ЖДЕМ ВАС В НАШИХ ОФИСАХ:

г. Санкт-Петербург,
Каменноостровский пр., д. 24, оф. 24
Тел.: (812) 703-11-78, 346-06-68; факс: (812) 703-11-79
E-mail: sales@zlat.spb.ru

г. Москва,
ул. Акад. Волгина, д. 6,
Государственный институт русского языка
им. А.С. Пушкина, к. 446, 448, 450
Тел.: (495) 936-84-62, 8-916-629-93-37
E-mail: zlatoust_m@mail.ru

Сайт
издательства